Harri Kuisti

Solving Rubik's Cube with Excel

© 2022 Harri Kuisti

Kustantaja: BoD – Books on Demand, Helsinki, Suomi

Valmistaja: BoD – Books on Demand, Norderstedt, Saksa

ISBN: 978-952-80-6907-2

The globe is too big and far too messy,

let's solve to cube first.

Modelling the Cube

There are many possibilities to model a Rubik's Cube, here is one. The squares can be numbered from 1 to 48 as shown in figure 1. How they move is presented in the Table 1.

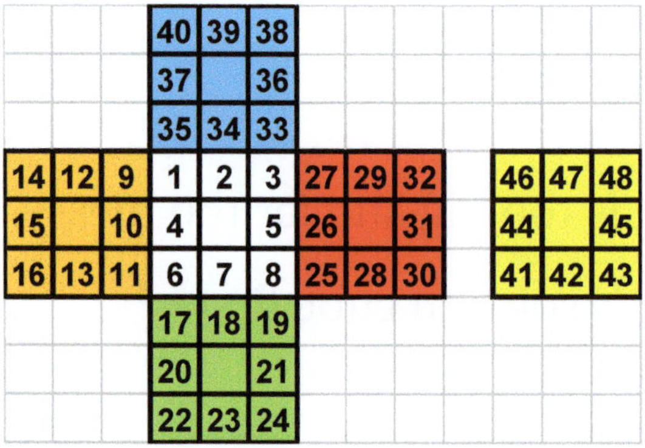

		40	39	38		
		37		36		
		35	34	33		

(Figure content)

Figure 1. Rubik's cube as seen from above if it could be torn open and flattened as a box. The yellow bottom is here imagined as seen through the cube and with the numbers in these positions. Note that the order of numbers is different for the yellow side after turning the cube and when looking at it from outside and not through the cube.

Table 1. How the standard moves affect the squares.

L	R	U	D	F	B	l'	r'	u'	d'	f'	b'	2L	2R	2U	2D	2F	2B
1	2	3	4	5	6	7	8	9	10	11	12	13	14	15	16	17	18
40	1	6	1	1	27	17	1	3	1	1	14	41	1	8	1	1	48
2	2	4	2	2	29	2	2	5	2	2	12	2	2	7	2	2	47
3	19	1	3	3	32	3	38	8	3	3	9	3	43	6	3	3	46
37	4	7	4	4	20	4	2	4	4	4	4	44	4	5	4	4	4
5	21	2	5	5	5	5	36	7	5	5	5	45	4	5	5	5	5
35	6	8	6	16	6	22	6	1	6	25	6	46	6	3	6	43	6
7	7	5	7	13	7	7	7	4	7	28	7	7	7	2	7	42	7
8	24	3	8	11	8	8	33	6	8	30	8	8	48	1	8	41	8
14	9	17	9	9	3	11	9	33	9	9	46	16	9	25	9	9	32
12	10	18	10	10	10	13	10	34	10	10	10	15	10	26	10	10	10
9	11	19	11	41	11	16	11	35	11	8	11	14	11	27	11	30	11
15	12	12	12	12	2	10	12	12	12	12	47	13	12	12	12	12	29
10	13	13	13	42	13	15	13	13	13	7	13	12	13	13	13	28	13
16	14	14	38	14	1	9	14	14	22	14	48	11	14	14	30	14	27
13	15	15	39	15	15	12	15	15	23	15	15	10	15	15	31	15	15
11	16	16	40	43	16	14	16	16	24	6	16	9	16	16	32	25	16
1	17	25	17	22	17	41	17	9	17	19	17	40	17	33	17	24	17
18	18	26	18	20	18	18	18	10	18	21	18	18	18	34	18	23	18
19	43	27	19	17	19	19	3	11	19	24	19	19	38	35	19	22	19
4	20	20	20	23	20	44	20	20	20	18	20	37	20	20	20	21	20
21	45	21	21	18	21	21	5	21	21	21	23	21	36	21	21	20	21
6	22	22	14	24	22	46	22	22	30	17	22	35	22	22	38	19	22
23	23	23	15	21	23	23	23	31	20	23	23	23	23	39	18	23	23
24	48	24	16	19	24	24	8	24	32	22	24	24	33	24	40	17	24
25	30	33	25	6	25	25	27	17	25	43	25	25	32	9	25	16	25
26	28	34	26	26	26	26	29	18	26	26	26	26	31	10	26	26	26
27	25	35	27	27	48	27	32	19	27	27	1	27	30	11	27	27	14
28	31	28	28	7	28	28	26	28	28	42	28	28	29	28	28	28	13
29	26	29	29	29	47	29	31	29	29	29	2	29	28	29	29	29	12
30	32	30	22	8	30	30	25	30	38	41	30	30	27	30	14	11	30
31	29	31	23	31	31	31	28	31	39	31	31	31	26	31	15	31	31
32	27	32	24	32	46	32	30	32	40	32	3	32	25	32	16	32	9
33	8	9	33	33	38	33	48	25	33	33	35	33	24	17	33	33	40
34	34	10	34	34	36	34	34	26	34	34	37	34	34	18	34	34	39
46	35	11	35	35	33	6	35	27	35	35	40	22	35	19	35	35	38
36	5	36	36	36	39	36	45	36	36	36	34	36	21	36	36	36	36
44	37	37	37	37	34	4	37	37	37	37	39	20	37	37	37	37	36
38	3	38	30	38	40	38	43	38	14	38	33	38	19	38	22	38	35
39	39	39	31	39	37	39	39	39	15	39	36	39	39	39	23	39	34
41	40	40	32	40	35	1	40	40	16	40	38	17	40	40	40	24	40
17	41	41	46	30	41	40	41	41	43	11	41	1	41	41	48	8	41
42	42	42	44	28	42	42	42	45	13	42	42	42	42	42	47	7	42
43	38	43	41	25	43	43	19	43	48	16	43	43	3	43	46	6	43
20	44	44	47	44	44	37	44	44	42	44	44	4	44	44	45	44	44
45	36	45	42	45	45	45	21	45	47	45	45	45	5	45	44	45	45
22	46	46	48	46	9	35	46	46	41	46	32	6	46	46	43	46	3
47	47	47	45	47	12	47	47	47	44	47	29	47	47	47	42	47	2
48	33	48	43	48	14	48	24	48	46	48	27	48	8	48	41	48	1

The scrambled cube can be presented as a line resembling a mountainous landscape (see figure 2.) while the solved cube is a nice slope of figure 3.

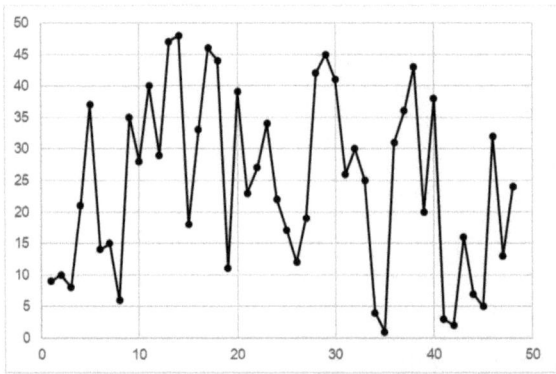

Figure 2. Scrambled cube presented as numbers of the figure 1 thrown in disarray.

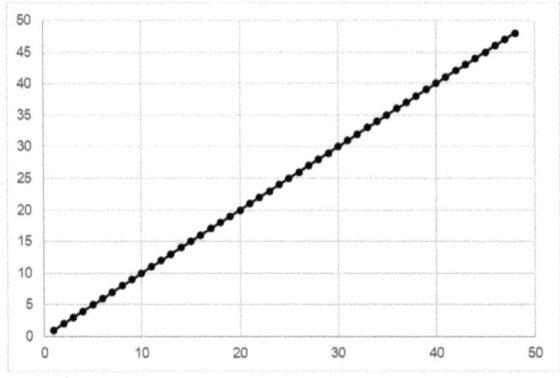

Figure 3. Solved cube has the numbers in order.

The scrambled cube can be presented as a 48 x 48 -matrix with 48 ones thrown into the company of 2256 zeros so that there is one '1' in each row and in each column (see the example of figure 4. showing a 8 x 8 -matrix for simplicitys sake).

Similar matrix can be utilized for modelling the moves. We multiply the matrix showing the positions of the cube by a matrix describing the move and get as a result a new position matrix.

0	1	0	0	0	0	0	0
0	0	0	0	0	0	0	1
1	0	0	0	0	0	0	0
0	0	0	0	0	0	1	0
0	0	0	1	0	0	0	0
0	0	1	0	0	0	0	0
0	0	0	0	0	1	0	0
0	0	0	0	1	0	0	0

Figure 4. Matrix describing a scrambled Rubik's cube or a move (for complete it is of size 48 x 48, but the idea is the same).

A solved cube can be presented as identity matrix (see the figure 5.).

1	0	0	0	0	0	0	0
0	1	0	0	0	0	0	0
0	0	1	0	0	0	0	0
0	0	0	1	0	0	0	0
0	0	0	0	1	0	0	0
0	0	0	0	0	1	0	0
0	0	0	0	0	0	1	0
0	0	0	0	0	0	0	1

Figure 5. A solved Rubik's cube can be presented as an identity matrix of the size 48 x 48 (here just of size 8 x 8 for the sake of simplicity).

The Solution

There are roughly 43 000 000 000 000 000 000 different positions in a 3 x 3 x 3 -cube. It simply cannot be solved by trial and error -method. Something else needs to be done. There are many methods available, some for solving the real thing by turning it in your fingers (fast in 10-20 seconds or slowly and meditatively), others for solving it mathematically (in a computer or even in a mobile phone).

I realize there is no shortage in methods for solving the Rubik's cube, but I will nevertheless present my own algorithm.

I have written the code in Visual Basic as an Excel-macro. It is important to minimize the tasks given to Excel because it thinks we are interested in seeing all intermediary results as numbers in cells and consumes its energy in giving us that. Visual Basic however can be commanded to concentrate on calculations and to give us just the relevant results, which leads to fast operation.

I will not try to explain the details of the code as such. I will instead make a serious attempt at explaining how it works.

My idea is simply this: It is possible to try different series of moves without calculating all positions. If one square lands at a wrong place in the end, that series of moves does not qualify as a solution. This enables us to discard most of the sequences of moves and speeds up the process leading to one of many solutions.

Yes, there are fortunately many solutions, not just one. The cube is like a labyrinth without any dead ends. It is a good metaphor for life: Hard and often a serious mess but always with many solutions.

When we hold a scrambled cube in our hands we know the outcome but have no idea which moves have brought it to that condition. The solution is to look backwards at the route of a single square at first. Here we just need to assume something and afterwards we will see if the assumption is true or not.

Fortunately a square cannot travel arbitrarily but if we choose for instance the move L (turning the orange side clockwise while looking at the green one) we know immediately where one single square has been before that move. The same holds for that position as well. Once we have chosen again to assume one standard move, we can infer the previous position, and do this the whole way back through N moves. After that we may be shocked: The series of assumptions place the square we are analysing to a completely strange location, implying an initial unsolved starting point. That will happen in most cases. We must then reject the erroneous assumptions.

We let the computer do this tedious job of testing many series of randomly chosen sequences of moves. And with good luck we have a series of moves that bring the cube to the present position starting from the solved condition of the Rubik's cube.

Note that we do not need to calculate all intermediary positions of each cubie, we just test a huge number of move sequences and reject most of them right away. This saves computer time.

Let $X_N(j_N)$ be the value of the j_N^{th} square. The index N denotes the messy position after N moves starting from s solved cube. Let A be a move vector (one column in the table 1.). Let a(j) be the jth element of that vector. Then we can write an equation:

$X_N(j_N) = X_{N-1}(j_{N-1})$ where X_{N-1} is the previous position vector and p the previous position of the square. If we assume that a move A has taken place then we can write that $j_{N-1} = a_j$.

The same is true for all squares and positions. In general:

$X_k(j_k) = X_{k-1}(j_{k-1})$

It also holds for all positions j_k. Table 2. presents an example process where the moves indicated on the top row transforms the position vector.

Table 2. An example change of positions.

	L	F	B	U	D	R	l'	r'	u'	f'	R	D	B	r'	L	F	R	u'	b'	F
	1	5	6	3	4	2	7	8	9	11	2	4	6	8	1	5	2	9	12	5
1	14	14	1	16	16	16	6	6	1	1	1	1	30	30	35	35	35	30	16	16
2	12	12	2	4	4	4	4	4	2	2	2	2	26	26	26	26	26	18	31	31
3	9	9	3	1	1	27	27	1	3	3	43	43	25	27	27	27	30	25	43	43
4	4	4	4	13	13	13	23	23	4	4	4	4	4	4	34	34	34	26	26	26
5	5	5	5	2	2	18	18	2	5	5	15	15	15	29	29	29	18	10	10	10
6	6	16	16	11	11	11	14	14	6	46	46	46	46	46	24	14	14	35	35	38
7	7	13	13	5	5	5	5	5	23	7	7	7	7	7	7	10	10	34	34	37
8	8	11	11	3	3	43	43	3	14	24	48	48	48	19	19	43	25	14	14	9
9	46	46	9	22	22	22	17	17	9	9	9	43	43	1	1	1	43	22	22	22
10	10	10	10	20	20	20	42	42	10	10	10	10	10	10	2	2	2	5	5	5
11	11	41	41	17	17	17	40	40	11	14	14	14	14	14	43	40	40	9	9	32
12	47	47	12	12	12	12	20	20	20	20	20	2	2	31	31	31	31	20	20	20
13	13	42	42	42	42	42	39	39	39	23	23	23	23	23	10	37	37	37	37	44
14	48	48	14	14	38	38	22	22	22	22	22	3	1	1	16	16	16	16	3	3
15	15	15	15	15	39	39	12	12	12	12	12	31	31	31	23	23	23	23	23	23
16	16	43	43	43	40	40	38	38	38	6	6	16	16	16	14	38	38	38	38	11
17	17	22	22	6	6	6	46	46	17	40	40	40	40	40	30	46	46	1	1	48
18	18	18	20	20	26	26	26	26	26	42	18	18	18	18	18	4	4	2	2	12
19	19	19	17	17	27	27	30	30	27	40	43	38	38	38	25	25	30	8	40	40	1
20	20	23	23	23	23	23	47	47	47	42	42	42	42	42	4	12	12	12	12	15
21	21	18	18	18	18	28	28	18	18	15	28	28	28	15	15	18	28	28	28	2
22	22	24	24	24	14	14	48	48	48	17	17	22	22	22	46	48	48	48	48	6
23	23	21	21	21	15	15	15	15	15	47	47	12	12	12	12	15	15	15	15	28
24	24	19	19	19	43	25	25	43	43	48	25	6	6	48	48	25	6	6	6	40
25	25	6	6	33	33	24	24	33	46	30	32	32	32	8	8	24	19	46	46	35
26	26	26	26	34	34	7	7	34	26	26	44	44	44	36	36	36	7	4	4	4
27	1	1	27	35	35	33	33	35	27	27	30	30	8	33	33	33	24	8	30	30
28	28	7	7	7	7	21	21	7	7	44	21	21	21	44	44	7	21	21	21	34
29	2	2	29	29	29	34	34	29	29	29	26	26	36	47	47	47	36	36	18	18
30	30	8	8	8	24	19	19	24	24	32	19	17	17	32	32	19	17	17	17	14
31	31	31	31	31	21	29	29	21	21	29	47	47	21	21	21	47	47	47	47	47
32	3	3	32	32	19	35	35	19	19	19	27	25	33	17	17	17	33	33	25	25
33	35	35	33	9	9	3	3	9	33	33	24	24	19	3	3	3	43	19	24	24
34	37	37	34	10	10	10	10	10	34	34	34	34	5	5	5	5	5	7	45	45
35	40	40	35	41	41	41	11	11	35	35	35	35	24	24	9	9	9	24	41	41
36	34	34	36	36	36	2	2	36	36	36	5	5	29	39	39	39	29	29	7	7
37	39	39	37	37	37	37	13	13	13	13	13	13	34	34	45	45	45	45	13	13
38	33	33	38	38	8	1	1	8	8	8	3	19	27	11	11	11	27	27	19	19
39	36	36	39	39	31	31	31	31	31	31	31	29	13	13	13	13	13	13	29	29
40	38	38	40	40	32	32	16	16	16	16	16	27	35	35	41	41	41	41	27	27
41	41	30	30	30	46	46	32	32	32	11	11	41	41	41	40	32	32	32	32	17
42	42	28	28	28	44	44	44	44	44	39	39	37	37	37	44	44	44	44	44	21
43	43	25	25	25	30	8	8	30	30	38	8	11	11	38	38	8	11	11	11	46
44	44	44	44	44	47	47	37	37	37	37	37	45	45	45	42	42	42	42	42	42
45	45	45	45	45	28	36	36	28	28	28	36	39	39	28	28	28	39	39	39	39
46	32	32	46	46	48	48	41	41	41	41	41	33	9	9	22	22	22	22	33	33
47	29	29	47	47	45	45	45	45	45	45	45	36	20	20	20	20	20	20	36	36
48	27	27	48	48	25	9	9	25	25	25	33	8	3	6	6	6	3	3	8	8

It is difficult to solve any equations and arrive at a solution that way. Remember that there are many solutions. In the example of the Table 2. we know the sequence of moves that have led to the positions of the last column. Normally we do not know this.

In the example of the Table 3. the last move could have been any of the 18 indicated alternatives and the number 24 could have come from any of the indicated positions. Let us assume that the move U has taken place. Then the number 24 must have come from row number 6. This goes on and on. Before N moves number 24 must have been on row number 24, if that was a solved initial condition.

Table 3. An example. The number 24 of the last cell can have come from many alternative locations depending on which move has taken place.

L	R	U	D	F	B	l'	r'	u'	d'	f'	b'	2L	2R	2U	2D	2F	2B	
1	2	3	4	5	6	7	8	9	10	11	12	13	14	15	16	17	18	
40	1	6	1	1	27	17	1	3	1	1	14	41	1	8	1	1	48	24

One Attempt at a Solution

Here is the Visual Basic code:

```
Sub Solution()

Dim M1, M2, M3, X1, X2 As Variant

ReDim M1(48, 18)
ReDim M2(48, 1)
ReDim M3(48, 1)

ReDim X1(48, 1)
ReDim X2(48, 1)

Randomize

maxi = 0

k = 1
Do While k < 19
j = 1
Do While j < 49
    M1(j, k) = ActiveSheet.Cells(j + 4, k).Value

' Reading the moves table into a variant
j = j + 1
Loop
k = k + 1
Loop

j = 1
Do While j < 49
ActiveSheet.Cells(j + 4, 21).Value = ""
 'Erasing previous values
ActiveSheet.Cells(j + 4, 40).Value = ""
```

```
j = j + 1
Loop

j = 1
Do While j < 49
  X1(j, 1) = j 'Vector corresponding to identity matrix
j = j + 1
Loop

N = 20 'Number of moves

Count = 1
Do While Count < N + 1
   a = 1 + Round(17 * Rnd)

'Creating a random position vector to be solved
   ActiveSheet.Cells(Count + 4, 21).Value = a

   If a <> "" Then 'Precaution against missing values

   j = 1
   Do While j < 49   ' Creating a position vector to be solved
      m = M1(j, a)
      X2(j, 1) = X1(m, 1)
   j = j + 1
   Loop

   j = 1
   Do While j < 49
      X1(j, 1) = X2(j, 1)
   j = j + 1
   Loop

   j = 1
   Do While j < 49
```

```
    ActiveSheet.Cells(j + 4, 24).Value = X1(j, 1)
    j = j + 1
    Loop

    End If

Count = Count + 1
Loop

flag1 = 0   'Flag for detecting the end of search for a solution

Count3 = N
Do While Count3 < N + 1 And flag1 = 0

    j = 1
    Do While j < 49
        X1(j, 1) = ActiveSheet.Cells(j + 4, 24).Value
    j = j + 1
    Loop

    j = 1
    Do While j < 49
        ActiveSheet.Cells(j + 4, 44).Value = X1(j, 1)
    j = j + 1
    Loop

    flag1 = 0

    Count2 = 1
    Do While Count2 < 100000000 And flag1 = 0

        w = 1
        Do While w < N + 1
            M2(w, 1) = 1 + Round(17 * Rnd)
        w = w + 1
```

```
Loop

flag = 0  ' Flag for detecting a wrong series of moves

p = 1
Do While p < 49 And flag = 0
   M3(N, 1) = M1(p, M2(N, 1))

      w = 1
      Do While w < N
         Number1 = M3(N + 1 - w, 1)
         Number2 = M2(N - w, 1)

         M3(N - w, 1) = M1(Number1, Number2)
      ' Storing attempted moves

      w = w + 1
      Loop

      If p > maxi Then
'Storing the most successful series of moves so far
            maxi = p
            ActiveSheet.Cells(1, 54).Value = maxi
         'Maximum number of correct moves
          'in a random series
         End If

      If X1(p, 1) <> M3(1, 1) Then
      'Finding a wrong value of a position vector
         flag = 1
      End If

      p = p + 1
      Loop
```

```
If flag = 0 Then
   flag1 = 1
      'A solution is found

   w = 1
   Do While w < N + 1
      a = M2(w, 1)  'Inversing the moves series
      b = a + 6
      If a > 6 And a < 13 Then
      b = a - 6
      End If

      If a > 12 Then
         b = a
      End If

      ActiveSheet.Cells(N + 1 - w + 4, 40).Value = b

   w = w + 1
   Loop

   j = 1
   Do While j < 49
      ActiveSheet.Cells(j + 4, 44).Value = X1(j, 1)
   j = j + 1
   Loop

   End If

Count2 = Count2 + 1
Loop

j = 1
Do While j < 49
   ActiveSheet.Cells(j + 4, 47).Value =
```

```
ActiveSheet.Cells(j + 4, 44).Value
   j = j + 1
   Loop

   w = 1
   Do While w < N + 1
'Testing whether the moves series if really a solution

      b = ActiveSheet.Cells(w + 4, 40).Value

      If b <> "" Then
         j = 1
         Do While j < 49
            m = ActiveSheet.Cells(j + 4, b).Value
            ActiveSheet.Cells(j + 4, 48).Value =
ActiveSheet.Cells(m + 4, 47).Value
         j = j + 1
         Loop

         j = 1
         Do While j < 49
            ActiveSheet.Cells(j + 4, 47).Value =
ActiveSheet.Cells(j + 4, 48).Value
         j = j + 1
         Loop

      End If

   w = w + 1
   Loop

Count3 = Count3 + 1
Loop

End Sub
```

Return to the Beginners Method with a Humble Heart

My own method based on semi-clever testing of alternative series of moves turned out to be far too slow. I therefore here present a Visual Basic code following the well known procedure called Beginners Method. It is so easy to google for videos and documents describing that method that I do not refer to any particular source for the details.

Implementing the Beginners Method in Excel is more complex than I imagined. The rules may be simple for a human being but a PC needs a clear guidance in every tiny detail.

The implementation is complex but the code produces the results surprisingly fast.

The code relies on the Excel tables given after the code.

Here is the Visual Basic code:

```
Sub Beginners()
'
' Beginners Method in Excel Visual Basic
'
If 1 = 1 Then

Counter = 0

If 1 = 1 Then
  j = 1
  Do While j < 49
    ActiveSheet.Cells(j + 4, 16).Value = j ' ActiveSheet.Cells(j
+ 4, 15).Value
  j = j + 1
  Loop

  Count = 1
  Do While Count < 101
  a = 1 + Round(11 * Rnd)
  ActiveSheet.Cells(Count, 14).Value = a

  If a <> "" Then 'Precaution against missing values
     j = 1
     Do While j < 49
       x1 = ActiveSheet.Cells(j + 4, a).Value
       ActiveSheet.Cells(j + 4, 17).Value =
ActiveSheet.Cells(x1 + 4, 16).Value
     j = j + 1
     Loop
```

```
    j = 1
    Do While j < 49
       ActiveSheet.Cells(j + 4, 16).Value =
             ActiveSheet.Cells(j + 4, 17).Value
    j = j + 1
    Loop
 End If
    j = 1
    Do While j < 49
       ActiveSheet.Cells(j + 4, 20).Value =
             ActiveSheet.Cells(j + 4, 17).Value
       j = j + 1
    Loop


 Count = Count + 1
 Loop

'''''''''''''''''''''''''''''''''''''''''


If 1 = 1 Then
'''''''''''''''''''''
    j = 1
    Do While j < 49
       ActiveSheet.Cells(j + 4, 20).Value = ActiveSheet.Cells(j +
4, 17).Value
    j = j + 1
    Loop
''''''''''''''''''''''''''''''''''''''''''''''''''''''''''''''''''''''''
Counter = 0

    Columns("AA:AA").Select
    Selection.ClearContents
```

```
Count3 = 1
Do While Count3 < 9

Number0 = ActiveSheet.Cells(Count3, 23).Value
Col1 = ActiveSheet.Cells(Count3, 24).Value
Col2 = ActiveSheet.Cells(Count3, 25).Value

flag = 0
j = 1
Do While j < 49 And flag = 0
   flag2 = 0
   Number1 = ActiveSheet.Cells(j + 4, 20).Value
   If Number1 = Number0 Then
      flag2 = 1
      flag = 1
      Number2 = j
   End If
j = j + 1
Loop

If flag = 1 Then
   flag = 0
   Count4 = Col1

   Do While Count4 < Col2
     Number3 = ActiveSheet.Cells(55, Count4).Value
     If Number2 = Number3 Then
       Column1 = Count4
       flag = 1
       jj = 1
       Do While jj < 31
         a = ActiveSheet.Cells(56 + jj, Count4).Value
```

```vba
      If a <> "" Then
        Counter = Counter + 1
        ActiveSheet.Cells(Counter, 27).Value = a
      End If
      jj = jj + 1
      Loop
    End If
  Count4 = Count4 + 1
  Loop

  If flag = 1 Then
    jjj = 1
    Do While jjj < 49
      x1 = ActiveSheet.Cells(jjj + 4, Column1).Value
      ActiveSheet.Cells(jjj + 4, 21).Value =
              ActiveSheet.Cells(x1 + 4, 20).Value
    jjj = jjj + 1
    Loop

    jjj = 1
    Do While jjj < 49
    ActiveSheet.Cells(jjj + 4, 20).Value = ActiveSheet.Cells(jjj
+ 4, 21).Value
    jjj = jjj + 1
    Loop

  End If
End If
'''''''''''''''''''''''''''''''''''''''''''''''''''''''''''
S = 0
j = 1
Do While j < Count3 + 1
  Number4 = ActiveSheet.Cells(j, 23).Value
```

```
    If ActiveSheet.Cells(Number4 + 4, 20).Value <> Number4
Then
      S = S + 1
    End If
j = j + 1
Loop

Count3 = Count3 + 1
Loop

Count3 = 9
Do While Count3 < 13

Number0 = ActiveSheet.Cells(Count3, 23).Value
Col1 = ActiveSheet.Cells(Count3, 24).Value
Col2 = ActiveSheet.Cells(Count3, 25).Value
Row1 = ActiveSheet.Cells(Count3, 26).Value

flag = 0
j = 1
Do While j < 49 And flag = 0
  flag2 = 0
  Number1 = ActiveSheet.Cells(j + 4, 20).Value
  If Number1 = Number0 And j <> Number1 Then
    flag2 = 1
    flag = 1
    Number2 = j
  End If
j = j + 1
Loop

If flag = 1 Then
  flag = 0
```

```
Count4 = Col1
Do While Count4 < Col2 And flag = 0
   Number3 = ActiveSheet.Cells(Row1, Count4).Value
   If Number2 = Number3 Then
   Column1 = Count4
   flag = 1

   jj = 1
   Do While jj < 31
     a = ActiveSheet.Cells(56 + jj, Count4).Value
     If a <> "" Then
      Counter = Counter + 1
      ActiveSheet.Cells(Counter, 27).Value = a
     End If
   jj = jj + 1
   Loop
End If
Count4 = Count4 + 1
Loop

If flag = 1 Then
   jjj = 1
   Do While jjj < 49
     x1 = ActiveSheet.Cells(jjj + 4, Column1).Value
     ActiveSheet.Cells(jjj + 4, 21).Value =
               ActiveSheet.Cells(x1 + 4, 20).Value
   jjj = jjj + 1
   Loop

   jjj = 1
   Do While jjj < 49
     ActiveSheet.Cells(jjj + 4, 20).Value = ActiveSheet.Cells(jjj
+ 4, 21).Value
```

```
    jjj = jjj + 1
    Loop

End If
End If

Count3 = Count3 + 1

Loop

End If
End If

' Yellow Cross

flag = 0
S = 0
Count = 1
Do While Count < 100 And flag = 0
    S = 0

    Number10 = ActiveSheet.Cells(42 + 4, 21).Value
    Number20 = ActiveSheet.Cells(44 + 4, 21).Value
    Number30 = ActiveSheet.Cells(45 + 4, 21).Value
    Number40 = ActiveSheet.Cells(47 + 4, 21).Value

    Number1 = ActiveSheet.Cells(Number10, 29).Value
    Number2 = ActiveSheet.Cells(Number20, 29).Value
    Number3 = ActiveSheet.Cells(Number30, 29).Value
    Number4 = ActiveSheet.Cells(Number40, 29).Value

    If Number1 = 6 Then
        S = S + 1
```

```
    End If
    If Number2 = 6 Then
      S = S + 1
    End If
    If Number3 = 6 Then
      S = S + 1
    End If
    If Number4 = 6 Then
      S = S + 1
    End If

    If S = 4 Then
     flag = 1
    End If

If flag = 0 Then
   Column10 = 1 + Round(Count / 10)
   If Column10 > 4 Then
     Column10 = 1
   End If
   Column1 = 235 + Column10

   j = 1
   Do While j < 49
     x1 = ActiveSheet.Cells(j + 4, Column1).Value
     ActiveSheet.Cells(j + 4, 21).Value = ActiveSheet.Cells(x1
+ 4, 20).Value
   j = j + 1
   Loop

   j = 1
   Do While j < 49
```

```
        ActiveSheet.Cells(j + 4, 20).Value = ActiveSheet.Cells(j
+ 4, 21).Value
    j = j + 1
    Loop

    p = 1
    Do While p < 35
      aa = ActiveSheet.Cells(56 + p, Column1).Value
      If aa <> "" Then
        Counter = Counter + 1
        ActiveSheet.Cells(Counter, 27).Value = aa
      End If
    p = p + 1
    Loop

  End If

Count = Count + 1
Loop

'The edges of the bottom layer
Count3 = 13

Do While Count3 < 16
    Number0 = ActiveSheet.Cells(Count3, 23).Value
    Col1 = ActiveSheet.Cells(Count3, 24).Value
    Col2 = ActiveSheet.Cells(Count3, 25).Value
    flag = 0
    j = 1
    Do While j < 49 And flag = 0
        flag2 = 0
        Number1 = ActiveSheet.Cells(j + 4, 20).Value
        If Number1 = Number0 Then
```

```
            flag2 = 1
            flag = 1
            Number2 = j
        End If
      j = j + 1
      Loop

  If flag = 1 Then
      flag = 0
      Count4 = Col1
      Do While Count4 < Col2 ' And flag = 0
        Number3 = ActiveSheet.Cells(55, Count4).Value
        If Number2 = Number3 Then
          Column1 = Count4
          flag = 1
          jj = 1
          Do While jj < 40
            a = ActiveSheet.Cells(56 + jj, Count4).Value
            If a <> "" Then
              Counter = Counter + 1
              ActiveSheet.Cells(Counter, 27).Value = a
            End If
          jj = jj + 1
          Loop
        End If
      Count4 = Count4 + 1
      Loop

  If flag = 1 Then
      jjj = 1
      Do While jjj < 49
        x1 = ActiveSheet.Cells(jjj + 4, Column1).Value
```

```
        ActiveSheet.Cells(jjj + 4, 21).Value =
                    ActiveSheet.Cells(x1 + 4, 20).Value
        jjj = jjj + 1
        Loop

        jjj = 1
        Do While jjj < 49
            ActiveSheet.Cells(jjj + 4, 20).Value =
                    ActiveSheet.Cells(jjj + 4, 21).Value
        jjj = jjj + 1
        Loop
End If
End If

Count3 = Count3 + 1
Loop



''''''''''''''''''''''''''''''''''''''''''''''''''''''''''''''''''''
S = 0

' Thw corners of the bottom layer
flag = 0
flag1 = 0
flag2 = 0
flagA = 0
flagB = 0
flagC = 0
flagD = 0

CounterA = 0
CounterA2 = 0
```

```
Count = 1
Do While Count < 101 And flag = 0
   Number1 = ActiveSheet.Cells(41 + 4, 20).Value
   Number2 = ActiveSheet.Cells(43 + 4, 20).Value
   Number3 = ActiveSheet.Cells(46 + 4, 20).Value
   Number4 = ActiveSheet.Cells(48 + 4, 20).Value
   If (Number1 = 41 Or Number1 = 22 Or Number1 = 16)
Then
      flagA = 1
      Column1 = 250
      flag2 = 1
   End If

If (Number2 = 43 Or Number2 = 30 Or Number2 = 24) Then
   flagB = 1
   Column1 = 251
   flag2 = 1
End If

If (Number3 = 46 Or Number3 = 40 Or Number3 = 14) Then
   flagC = 1
   Column1 = 252
   flag2 = 1
End If

If (Number4 = 48 Or Number4 = 38 Or Number4 = 32) Then
   flagD = 1
   Column1 = 253
   flag2 = 1
End If

If flag2 = 0 Then
```

```
   Column1 = 250
End If

Product1 = flagA * flagB * flagC * flagD
If Product1 = 1 Then
   flag = 1
End If

If Product1 = 0 Then
   jjj = 1
   Do While jjj < 49
     x1 = ActiveSheet.Cells(jjj + 4, Column1).Value
     ActiveSheet.Cells(jjj + 4, 21).Value =
              ActiveSheet.Cells(x1 + 4, 20).Value
     jjj = jjj + 1
   Loop

   jjj = 1
   Do While jjj < 49
     ActiveSheet.Cells(jjj + 4, 20).Value = ActiveSheet.Cells(jjj
+ 4, 21).Value
     jjj = jjj + 1
   Loop

   jj = 1
   Do While jj < 100
     a = ActiveSheet.Cells(56 + jj, Column1).Value
     If a <> "" Then
       Counter = Counter + 1
       ActiveSheet.Cells(Counter, 27).Value = a
     End If
   jj = jj + 1
   Loop
```

```
End If

Count = Count + 1
Loop

''''''''''' 22  16  41  30  24  43  14  40  46  38  32  48

''''''' Final touch

If ActiveSheet.Cells(41 + 4, 21).Value = 22 Then
  Column1 = 255
End If

If ActiveSheet.Cells(41 + 4, 21).Value = 16 Then
  Column1 = 256
End If

If ActiveSheet.Cells(41 + 4, 21).Value = 41 Then
  Column1 = 257
End If

jjj = 1
Do While jjj < 49
  x1 = ActiveSheet.Cells(jjj + 4, Column1).Value
  ActiveSheet.Cells(jjj + 4, 21).Value = ActiveSheet.Cells(x1
+ 4, 20).Value
jjj = jjj + 1
Loop

jjj = 1
Do While jjj < 49
  ActiveSheet.Cells(jjj + 4, 20).Value = ActiveSheet.Cells(jjj +
4, 21).Value
```

```
jjj = jjj + 1
Loop

p = 1
Do While p < 100
  aa = ActiveSheet.Cells(56 + p, Column1).Value
  If aa <> "" Then
    Counter = Counter + 1
    ActiveSheet.Cells(Counter, 27).Value = aa
  End If
p = p + 1
Loop


If ActiveSheet.Cells(41 + 4, 21).Value = 14 Then
  Column1 = 258
End If

If ActiveSheet.Cells(41 + 4, 21).Value = 40 Then
  Column1 = 259
End If

If ActiveSheet.Cells(41 + 4, 21).Value = 46 Then
  Column1 = 260
End If

jjj = 1
Do While jjj < 49
  x1 = ActiveSheet.Cells(jjj + 4, Column1).Value
  ActiveSheet.Cells(jjj + 4, 21).Value = ActiveSheet.Cells(x1
+ 4, 20).Value
jjj = jjj + 1
Loop
```

```
jjj = 1
Do While jjj < 49
  ActiveSheet.Cells(jjj + 4, 20).Value = ActiveSheet.Cells(jjj +
4, 21).Value
jjj = jjj + 1
Loop

p = 1
Do While p < 41 And flag = 1
  aa = ActiveSheet.Cells(56 + p, Column1).Value
  If aa <> "" Then
    Counter = Counter + 1
    ActiveSheet.Cells(Counter, 27).Value = aa
  End If
p = p + 1
Loop

If ActiveSheet.Cells(41 + 4, 21).Value = 38 Then
  Column1 = 261
End If

If ActiveSheet.Cells(41 + 4, 21).Value = 32 Then
  Column1 = 262
End If

If ActiveSheet.Cells(41 + 4, 21).Value = 48 Then
  Column1 = 263
End If

jjj = 1
Do While jjj < 49
  x1 = ActiveSheet.Cells(jjj + 4, Column1).Value
```

```
ActiveSheet.Cells(jjj + 4, 21).Value = ActiveSheet.Cells(x1 +
4, 20).Value
jjj = jjj + 1
Loop

jjj = 1
Do While jjj < 49
  ActiveSheet.Cells(jjj + 4, 20).Value = ActiveSheet.Cells(jjj +
4, 21).Value
jjj = jjj + 1
Loop

''''''''''''''''''''''''''''''''''''''''''''''''''''''''''''

p = 1
Do While p < 100 And flag = 1
  aa = ActiveSheet.Cells(56 + p, Column1).Value
  If aa <> "" Then
    Counter = Counter + 1
    ActiveSheet.Cells(Counter, 27).Value = aa
  End If
p = p + 1
Loop

If ActiveSheet.Cells(41 + 4, 21).Value = 30 Then
  Column1 = 264
End If

If ActiveSheet.Cells(41 + 4, 21).Value = 24 Then
  Column1 = 265
End If

If ActiveSheet.Cells(41 + 4, 21).Value = 43 Then
  Column1 = 266
```

```
End If

jjj = 1
Do While jjj < 49
  x1 = ActiveSheet.Cells(jjj + 4, Column1).Value
  ActiveSheet.Cells(jjj + 4, 21).Value = ActiveSheet.Cells(x1
+ 4, 20).Value
jjj = jjj + 1
Loop

jjj = 1
Do While jjj < 49
  ActiveSheet.Cells(jjj + 4, 20).Value = ActiveSheet.Cells(jjj +
4, 21).Value
jjj = jjj + 1
Loop

p = 1
Do While p < 100
  aa = ActiveSheet.Cells(56 + p, Column1).Value
  If aa <> "" Then
    Counter = Counter + 1
    ActiveSheet.Cells(Counter, 27).Value = aa
  End If
p = p + 1
Loop
'''''''''''''''''''''''''''''''''''''''''''''''''''''''''''
flag = 0
Count1 = 1
Do While Count1 < 5 And flag = 0
  Counter = Counter + 1
  ActiveSheet.Cells(Counter, 27).Value = 8
    jjj = 1
```

```
    Do While jjj < 49
       x1 = ActiveSheet.Cells(jjj + 4, 8).Value
       ActiveSheet.Cells(jjj + 4, 21).Value = Ac-
tiveSheet.Cells(x1 + 4, 20).Value
    jjj = jjj + 1
    Loop

    jjj = 1
    Do While jjj < 49
       ActiveSheet.Cells(jjj + 4, 20).Value = ActiveSheet.Cells(jjj
+ 4, 21).Value
    jjj = jjj + 1
    Loop

Counter = Counter + 1
ActiveSheet.Cells(Counter, 27).Value = 8
   S = 0
   jjj = 1
   Do While jjj < 49
     If ActiveSheet.Cells(jjj + 4, 20).Value <> jjj Then
       S = S + 1
     End If
   jjj = jjj + 1
   Loop
   If S = 0 Then
     flag = 1
   End If
Count1 = Count1 + 1
Loop

End If

End Sub
```

Table 4.

	1	2	3	4	5	6	7	8	9	10	11	12	13	14	15	16	17	18	19	20	21
1	I'	L	R	r'	u'	U	D	d'	f'	F	b'	B									
2	1	2	3	4	5	6	7	8	9	10	11	12									
3																					
4																					
5	17	40	1	1	3	6	1	1	1	1	14	27			14	6	6	1		1	1
6	2	2	2	2	5	4	2	2	2	2	12	29			2	20	20	2		2	2
7	3	3	19	38	8	1	3	3	3	3	9	32			3	9	9	3		3	3
8	20	37	4	4	2	7	4	4	4	4	4	4			42	5	5	4		4	4
9	5	5	21	36	7	2	5	5	5	5	5	5			5	36	36	5		5	5
10	22	35	6	6	1	8	6	6	25	16	6	6			35	43	43	6		6	6
11	7	7	7	7	4	5	7	7	28	13	7	7			7	4	4	7		7	7
12	8	8	24	33	6	3	8	8	30	11	8	8			22	19	19	8		8	8
13	11	14	9	9	33	17	9	9	9	9	46	3			46	17	17	9		9	9
14	13	12	10	10	34	18	10	10	10	10	10	10			23	26	26	10		10	10
15	16	9	11	11	35	19	11	11	8	41	11	11			9	30	30	11		11	11
16	10	15	12	12	12	12	12	12	12	12	47	2			47	31	31	12		12	12
17	15	10	13	13	13	13	13	13	7	42	13	13			10	39	39	13		13	13
18	9	16	14	14	14	14	38	22	14	14	48	1			25	40	40	43		14	14
19	12	13	15	15	15	15	39	23	15	15	15	15			21	18	18	31		15	15
20	14	11	16	16	16	16	40	24	6	43	16	16			48	48	48	22		16	16
21	41	1	17	17	9	25	17	17	19	22	17	17			1	24	24	17		17	17
22	18	18	18	18	10	26	18	18	21	20	18	18			18	10	10	18		18	18
23	19	19	43	3	11	27	19	19	24	17	19	19			16	25	25	19		19	19
24	44	4	20	20	20	20	20	20	18	23	20	20			4	47	47	20		20	20
25	21	21	45	5	21	21	21	21	23	18	21	21			31	21	21	21		21	21
26	46	6	22	22	22	22	14	30	17	24	22	22			32	32	32	41		22	22
27	23	23	23	23	23	23	15	31	20	21	23	23			37	37	37	47		23	23
28	24	24	48	8	24	24	16	32	22	19	24	24			11	27	27	32		24	24
29	25	25	30	27	17	33	25	25	43	6	25	25			41	8	8	25		25	25
30	26	26	28	29	18	34	26	26	26	26	26	26			26	29	29	26		26	26
31	27	27	25	32	19	35	27	27	27	27	1	48			27	1	1	27		27	27
32	28	28	31	26	28	28	28	28	42	7	28	28			45	28	28	28		28	28
33	29	29	26	31	29	29	29	29	29	29	2	47			29	23	23	36		29	29
34	30	30	32	25	30	30	22	38	41	8	30	30			6	3	3	38		30	30
35	31	31	29	28	31	31	23	39	31	31	31	31			44	2	2	15		31	31
36	32	32	27	30	32	32	24	40	32	32	3	46			30	22	22	14		32	32
37	33	33	8	48	25	9	33	33	33	33	35	38			33	35	35	33		33	33
38	34	34	34	34	26	10	34	34	34	34	37	36			34	13	13	34		34	34
39	6	46	35	35	27	11	35	35	35	35	40	33			40	11	11	35		35	35
40	36	36	5	45	36	36	36	36	36	36	34	39			36	42	42	29		36	36
41	4	44	37	37	37	37	37	37	37	37	39	34			39	45	45	37		37	37
42	38	38	3	43	38	38	30	14	38	38	33	40			43	41	41	46		38	38
43	39	39	39	39	39	39	31	15	39	39	36	37			20	15	15	23		39	39
44	1	41	40	40	40	40	32	16	40	40	38	35			8	46	46	30		40	40
45	40	17	41	41	41	41	46	43	11	30	41	41			38	38	38	16		41	41
46	42	42	42	42	42	42	44	45	13	28	42	42			12	12	12	39		42	42
47	43	43	38	19	43	43	41	48	16	25	43	43			17	33	33	48		43	43
48	37	20	44	44	44	44	47	42	44	44	44	44			28	7	7	45		44	44
49	45	45	36	21	45	45	42	47	45	45	45	45			15	34	34	44		45	45
50	35	22	46	46	46	46	48	41	46	46	32	9			19	14	14	24		46	46
51	47	47	47	47	47	47	45	44	47	47	29	12			13	44	44	42		47	47
52	48	48	33	24	48	48	43	46	48	48	27	14			24	16	16	40		48	48

Table 5.

	23	24	25	26	27	28	29
1	2	31	54	6			1
2	4	54	75	8			1
3	5	75	94	9			1
4	7	94	111	11			1
5	1	111	134	5			1
6	3	134	154	7			1
7	6	154	171	10			1
8	8	171	185	12			1
9	12	185	200	16			2
10	13	200	213	17			2
11	28	213	225	32			2
12	29	225	234	33			2
13	42	241	244	46			2
14	44	244	246	48			2
15	45	246	247	49			2
16	41	255	258	45			2
17	43	258	261	47			3
18	46	261	264	50			3
19	48	264	267	52			3
20							3
21							3
22							3
23							3
24							3
25							4
26							4
27							4
28							4
29							4
30							4
31							4
32							4
33							5
34							5
35							5
36							5
37							5
38							5
39							5
40							5
41							6
42							6
43							6
44							6
45							6
46							6
47							6
48							6

Table 6.

	31	32	33	34	35	36	37	38	39	40	41	42	43	44	45	46	47	48	49	50	51	52	53
1																							
2	1																						
3																							
4																							
5	6	3	8	9	14	11	16	17	22	19	24	25	30	27	32	33	38	35	40	41	46	43	48
6	4	5	7	10	12	13	15	18	20	21	23	26	28	29	31	34	36	37	39	42	44	45	47
7	1	8	6	11	9	16	14	19	17	24	22	27	25	32	30	35	33	40	38	43	41	48	46
8	7	2	5	20	4	44	37	20	7	2	2	4	4	4	4	7	7	7	7	5	7	2	2
9	2	7	4	5	5	5	5	2	2	7	28	21	45	5	36	21	21	21	21	4	2	7	7
10	8	1	3	22	6	46	35	22	8	1	1	6	6	6	6	8	8	8	8	3	8	1	1
11	5	4	2	7	7	7	7	5	5	4	4	7	7	7	7	5	5	5	5	2	5	4	4
12	3	6	1	8	8	8	8	3	3	6	25	24	48	8	33	24	24	24	24	1	3	6	6
13	17	33	25	35	46	6	22	11	41	8	30	19	43	3	38	27	48	1	14	16	40	24	32
14	18	34	26	13	10	15	12	13	18	34	34	10	10	10	10	18	18	18	18	26	18	34	34
15	19	35	27	16	11	14	9	16	19	35	35	11	11	11	11	19	19	19	19	27	19	35	35
16	12	12	12	47	47	47	47	47	10	12	12	2	2	2	2	4	4	4	4	12	13	12	12
17	13	13	13	15	13	12	10	15	15	13	7	13	13	13	13	13	13	13	13	28	12	13	13
18	14	14	14	48	48	48	48	48	9	14	14	1	1	1	1	6	6	6	6	14	11	14	22
19	15	15	15	12	15	10	13	12	12	15	15	15	15	15	15	15	15	15	15	15	10	15	23
20	16	16	16	14	16	9	11	14	14	16	6	16	16	16	16	16	16	16	16	25	9	16	24
21	25	9	33	41	17	40	1	41	25	9	9	17	17	17	17	25	25	25	25	33	25	9	9
22	26	10	34	18	18	18	18	26	26	10	10	18	18	18	18	26	26	26	26	34	26	10	10
23	27	11	35	19	19	19	19	27	27	11	8	43	38	19	3	43	43	43	43	35	27	11	11
24	20	20	20	44	20	37	4	44	44	20	18	20	20	20	20	20	20	20	20	21	37	20	20
25	21	21	21	21	21	21	21	21	21	45	45	45	36	21	5	45	45	45	45	20	21	36	36
26	22	22	22	46	22	35	6	46	46	22	17	22	22	22	22	22	22	22	22	19	35	22	30
27	23	23	23	23	23	23	23	23	23	23	20	23	23	23	23	23	23	23	23	18	23	23	31
28	24	24	24	24	24	24	24	24	24	48	48	33	24	8	48	14	27	1	17	24	33	33	33
29	33	17	9	25	25	25	25	33	33	17	19	30	32	25	27	30	30	30	9	33	17	17	17
30	34	18	10	26	26	26	26	34	34	18	21	28	31	26	29	28	28	28	28	10	34	18	18
31	35	19	11	17	1	41	40	25	6	43	16	33	8	48	24	9	3	46	32	30	22	38	14
32	28	28	28	28	28	28	28	28	28	31	31	31	29	28	26	31	31	31	31	13	29	29	29
33	29	29	29	2	2	2	2	4	29	26	26	47	47	47	47	47	12	29	2	29	29	28	28
34	30	30	30	30	30	30	30	30	30	32	32	32	27	30	25	32	46	3	9	11	30	27	27
35	31	31	31	31	31	31	31	31	31	29	29	29	26	31	28	29	47	2	12	31	31	26	26
36	32	32	32	3	3	3	3	1	32	27	27	46	46	46	46	46	9	32	3	32	32	25	25
37	9	25	17	6	35	22	46	8	11	30	41	3	19	38	43	1	27	14	48	24	16	32	40
38	10	26	18	4	37	20	44	7	13	28	42	5	21	36	45	2	29	12	47	23	15	31	39
39	11	27	19	1	40	17	41	6	16	25	43	8	24	33	48	3	32	9	46	22	14	30	38
40	36	36	36	34	34	34	34	10	36	5	5	39	39	39	39	39	37	36	34	36	36	21	21
41	37	37	37	39	39	39	39	39	4	37	37	34	34	34	34	10	10	10	10	37	20	37	37
42	38	38	38	33	33	33	33	9	38	3	3	40	40	40	40	40	35	38	33	38	38	19	19
43	39	39	39	36	36	36	36	39	39	39	37	37	37	37	37	34	39	36	39	39	39	39	15
44	40	40	40	38	38	38	38	38	1	40	40	35	35	35	35	11	11	11	11	40	17	40	16
45	41	41	41	40	41	1	17	40	40	41	11	41	41	41	41	41	41	41	41	8	1	41	43
46	42	42	42	42	42	42	42	42	42	13	42	42	42	42	42	42	7	42	42	45	1	41	45
47	43	43	43	43	43	43	43	43	43	38	38	38	3	43	19	38	40	33	35	6	43	3	3
48	44	44	44	37	44	4	20	37	37	44	44	44	44	44	44	44	44	44	44	4	44	42
49	45	45	45	45	45	45	45	45	36	36	36	5	45	21	36	39	34	37	45	45	5	5
50	46	46	46	32	32	32	32	32	35	46	46	9	9	9	9	17	17	17	17	46	6	46	41
51	47	47	47	29	29	29	29	29	47	47	47	12	12	12	12	12	2	47	29	47	47	47	44
52	48	48	48	27	27	27	27	35	48	33	33	14	14	14	14	14	1	48	27	48	48	8	8

Table 7.

	54	55	56	57	58	59	60	61	62	63	64	65	66	67	68	69	70	71	72	73	74
1																					
2	2																				
3																					
4																					
5	8	40	11	19	19	19	19	17	24	22	40	40	1	1	1	40	1	43	41	48	46
6	2	2	2	2	2	2	2	2	2	2	2	2	2	2	2	2	2	2	2	2	2
7	38	3	3	3	3	3	3	3	3	3	38	3	38	43	27	3	48	3	3	3	3
8	5	7	10	12	13	15	18	20	21	23	26	28	29	31	36	37	39	42	44	45	47
9	36	12	5	7	7	7	5	5	5	5	5	12	12	7	7	4	5	4	5	5	5
10	3	8	9	14	11	16	17	22	19	24	25	30	27	32	30	35	40	41	46	43	48
11	42	5	28	4	44	37	28	7	42	13	36	5	4	4	31	7	29	7	7	7	7
12	41	9	30	6	46	35	30	8	41	11	9	9	6	6	32	8	27	8	8	8	8
13	25	14	6	8	8	8	8	11	30	41	14	14	9	9	9	14	9	24	16	32	40
14	26	18	4	37	20	44	7	13	28	42	5	21	36	45	29	12	47	23	15	31	39
15	27	19	1	40	17	41	6	16	25	43	8	24	33	48	24	9	46	22	14	30	38
16	10	4	7	5	5	5	10	10	10	10	4	4	12	12	12	15	12	13	13	13	13
17	15	13	15	13	12	10	15	15	15	15	7	7	13	13	13	10	13	12	12	12	12
18	9	6	8	9	16	14	9	9	9	9	27	25	14	14	14	16	24	11	11	11	11
19	12	15	12	15	10	13	12	12	12	12	15	15	15	15	15	13	15	10	10	10	10
20	14	16	14	16	9	11	14	14	14	14	6	6	16	16	16	11	16	9	9	9	9
21	33	25	35	46	6	22	11	41	8	30	19	43	3	38	43	1	14	16	40	24	32
22	23	26	21	10	15	12	21	18	23	20	29	26	10	10	45	18	36	18	18	18	18
23	22	1	24	11	14	9	24	19	22	17	1	1	11	11	48	19	33	19	19	19	19
24	44	20	44	20	37	4	44	44	44	44	18	18	20	20	20	4	20	37	37	37	37
25	20	21	23	21	21	21	23	21	20	18	23	23	21	5	5	21	5	21	21	21	21
26	46	22	46	22	35	6	46	46	46	46	17	17	22	22	22	6	22	35	35	35	35
27	18	23	31	23	23	20	23	18	21	20	20	23	23	23	23	23	23	31	23	39	15
28	17	24	32	24	24	24	22	24	17	19	22	22	24	8	8	24	8	32	24	40	16
29	16	35	43	17	40	1	43	25	16	6	35	35	17	17	38	25	3	25	25	25	25
30	29	37	26	18	18	18	26	26	26	26	37	37	18	18	10	26	10	26	26	26	26
31	32	27	27	27	27	27	27	27	27	27	32	27	32	30	33	27	38	27	27	27	27
32	13	28	42	28	28	28	42	28	13	7	42	42	28	26	26	28	26	28	28	28	28
33	31	29	29	29	29	29	29	29	29	29	31	29	5	36	7	29	7	29	29	29	29
34	11	30	38	30	30	30	41	30	11	8	41	41	30	25	25	30	25	38	30	14	22
35	28	31	39	31	31	31	31	31	31	31	28	31	31	28	28	31	28	39	31	15	23
36	30	32	41	32	32	32	32	32	32	32	30	32	8	33	6	32	6	40	32	16	24
37	48	33	33	33	33	33	33	33	33	33	48	33	48	24	3	33	32	33	33	33	33
38	34	34	34	34	34	34	34	34	34	34	34	34	34	34	34	34	34	34	34	34	34
39	19	46	17	25	25	25	25	6	43	16	46	46	35	35	35	46	35	30	22	38	14
40	45	36	36	36	36	36	36	36	36	36	45	36	26	29	18	36	18	36	36	36	36
41	4	10	18	26	26	26	4	4	4	4	10	10	37	37	37	44	37	20	20	20	20
42	43	38	16	38	38	38	38	38	38	38	43	38	25	27	17	38	17	14	38	22	30
43	39	39	13	39	39	39	39	39	39	39	39	39	39	39	39	39	45	15	39	23	31
44	1	11	19	1	41	40	1	1	1	1	33	8	40	40	40	41	43	17	17	17	17
45	40	41	40	41	1	17	40	40	40	40	11	11	41	41	41	17	41	1	1	1	1
46	7	42	45	42	42	42	13	42	7	28	13	13	42	42	42	42	42	45	42	47	44
47	6	43	48	43	43	43	16	43	6	25	16	16	43	19	19	43	19	48	43	46	41
48	37	44	37	44	4	20	37	37	37	37	44	44	44	44	44	20	44	4	4	4	4
49	21	45	47	45	45	45	45	45	45	45	21	45	45	21	21	45	21	47	45	44	42
50	35	17	25	35	22	46	35	35	35	35	3	19	46	46	46	22	30	6	6	6	6
51	47	47	20	47	47	47	47	47	47	47	47	47	47	47	47	47	31	44	47	42	45
52	24	48	22	48	48	48	48	48	48	48	24	48	19	3	11	48	11	46	48	41	43

Table 8.

	75	76	77	78	79	80	81	82	83	84	85	86	87	88	89	90	91	92	93
1																			
2	3																		
3																			
4																			
5	1	1	1	1	1	1	1	1	1	1	1	1	6	1	1	1	1	1	1
6	2	2	2	2	2	2	2	2	2	2	2	2	4	2	2	2	2	2	2
7	8	14	19	16	17	22	19	24	25	30	19	3	35	38	3	41	46	43	48
8	4	4	4	4	4	4	4	4	4	4	4	4	7	4	4	4	4	4	4
9	7	12	13	15	18	20	21	23	26	28	29	31	37	36	39	42	44	45	47
10	24	6	6	25	16	43	6	25	27	6	6	6	8	6	6	6	6	6	6
11	21	7	7	28	13	42	7	28	23	7	7	7	5	7	7	7	7	7	7
12	33	33	16	14	19	17	24	22	48	33	32	30	32	33	38	43	41	48	46
13	9	9	9	9	9	9	9	9	9	9	9	9	17	9	9	9	9	9	9
14	10	10	10	10	10	10	10	10	10	10	10	10	18	10	10	10	10	10	10
15	43	11	11	8	41	30	11	8	33	11	11	11	19	11	11	11	11	11	11
16	12	47	12	12	12	12	12	12	12	12	5	36	29	12	12	12	12	12	12
17	13	13	42	7	42	28	13	7	7	5	13	13	13	13	13	28	13	13	13
18	14	48	14	38	14	14	14	14	14	14	3	38	27	14	24	14	30	14	22
19	15	15	15	39	15	15	15	15	15	15	15	15	15	15	15	15	31	15	23
20	16	16	43	6	43	25	16	6	16	8	16	16	16	16	16	33	32	16	24
21	30	17	17	19	22	24	17	19	3	17	17	17	25	17	17	17	17	17	17
22	28	18	18	21	20	23	18	21	42	18	18	18	26	18	18	18	18	18	18
23	3	3	41	40	25	6	43	16	38	3	48	24	48	3	32	30	22	38	14
24	20	20	23	18	23	21	20	18	18	26	20	20	20	20	20	21	20	20	20
25	5	21	26	42	45	45	45	45	36	23	21	5	47	5	5	20	36	36	36
26	22	22	24	17	24	19	22	17	22	25	22	22	22	22	22	27	38	22	30
27	23	23	21	20	21	18	23	20	20	20	23	23	23	23	23	26	39	23	31
28	11	24	27	43	48	48	48	48	6	22	24	8	46	8	8	25	33	33	33
29	27	27	22	46	8	11	30	41	32	27	38	43	38	27	48	24	16	32	40
30	18	37	20	44	7	13	28	42	5	21	36	45	12	29	47	23	15	31	39
31	19	40	25	41	6	16	25	43	8	24	25	27	9	32	27	22	14	30	38
32	26	28	5	23	31	31	31	31	29	42	28	26	39	26	26	13	29	29	29
33	29	5	29	26	26	26	26	26	31	29	47	47	31	31	29	29	28	28	28
34	6	30	3	24	32	32	32	32	17	41	30	25	40	25	25	19	27	27	27
35	31	31	31	29	29	29	29	29	28	31	31	28	28	28	28	31	26	26	26
36	32	8	32	27	27	27	27	27	30	32	46	46	30	30	40	32	25	25	25
37	25	46	8	22	11	41	8	30	19	43	8	33	1	48	33	16	40	24	32
38	34	34	34	34	34	34	34	34	34	34	34	34	10	34	34	34	34	34	34
39	35	35	35	35	35	35	35	35	35	35	35	35	11	35	35	35	35	35	35
40	36	26	36	5	5	5	5	5	45	36	39	39	45	45	36	36	21	21	21
41	37	39	37	37	37	37	37	37	37	37	26	29	36	37	37	37	37	37	37
42	38	25	38	3	3	3	3	3	43	38	40	40	43	43	14	38	19	19	19
43	39	36	39	31	39	39	39	39	39	39	37	37	34	39	45	39	23	39	15
44	40	38	40	32	40	40	40	40	40	40	27	32	33	40	43	40	24	40	16
45	41	41	30	11	30	8	41	11	41	19	41	41	41	41	41	3	48	41	43
46	42	42	28	13	28	7	42	13	13	13	42	42	42	42	42	5	47	42	45
47	17	43	33	30	38	38	38	38	11	16	43	19	14	19	19	8	3	3	3
48	44	44	44	47	44	44	44	44	44	44	44	44	44	44	44	44	45	44	42
49	45	45	45	36	36	36	36	36	21	45	45	21	21	21	21	45	5	5	5
50	46	32	46	48	46	46	46	46	46	46	33	48	3	46	30	46	43	46	41
51	47	29	47	45	47	47	47	47	47	47	12	12	2	47	31	47	42	47	44
52	48	19	48	33	33	33	33	33	24	48	14	14	24	24	46	48	8	8	8

Table 9.

	94	95	96	97	98	99	100	101	102	103	104	105	106	107	108	109	110
1																	
2	4																
3																	
4																	
5	1	1	1	1	1	1	1	1	1	1	1	1	1	14	1	1	1
6	2	2	2	2	2	2	2	2	2	2	2	2	2	2	2	2	2
7	3	3	3	3	3	3	3	3	3	3	3	3	3	3	3	3	3
8	4	4	4	4	4	4	4	4	4	4	4	4	4	4	4	4	4
9	5	5	5	5	5	5	5	5	5	5	5	5	5	5	5	5	5
10	25	16	14	43	25	16	6	25	24	6	25	40	38	43	41	48	46
11	12	13	15	18	20	21	23	28	29	31	36	37	39	42	44	45	47
12	14	11	8	17	22	19	24	30	19	32	38	11	11	41	46	43	48
13	9	9	9	9	9	9	9	9	9	9	9	9	46	9	9	9	9
14	10	10	10	10	10	10	10	10	10	10	10	10	10	10	10	10	10
15	8	41	40	30	8	41	11	8	43	11	8	46	32	30	22	38	14
16	47	12	18	21	18	23	20	12	12	12	12	15	15	12	12	12	12
17	13	42	42	15	15	15	17	7	45	21	13	18	28	28	28	28	28
18	48	14	17	19	17	24	22	14	14	14	14	16	9	14	38	22	30
19	15	15	12	12	12	12	12	15	15	15	15	13	13	15	39	23	31
20	16	43	43	14	14	14	14	6	48	24	16	19	19	25	25	25	25
21	19	22	46	24	19	22	17	19	30	17	19	14	48	24	16	32	40
22	37	20	44	7	13	28	42	21	36	45	29	12	47	23	15	31	39
23	40	17	19	6	16	25	43	24	25	48	32	17	17	22	14	30	38
24	20	23	23	44	44	44	44	18	31	28	20	7	7	21	21	21	21
25	21	18	13	23	21	20	18	23	23	23	7	21	21	20	20	20	20
26	22	24	24	46	46	46	46	17	32	30	22	8	8	19	19	19	19
27	23	21	21	20	23	18	21	20	20	20	23	23	23	18	18	18	18
28	24	19	16	22	24	17	19	22	22	22	6	24	16	17	17	17	17
29	46	6	25	11	41	8	20	43	8	38	48	6	6	16	40	24	32
30	26	26	26	26	26	26	26	26	26	26	26	26	26	26	26	26	26
31	27	27	27	27	27	27	27	27	27	27	27	27	27	27	27	27	27
32	28	7	20	42	28	13	7	42	42	42	18	28	28	13	13	13	13
33	7	29	29	29	29	29	29	29	28	18	31	29	29	29	29	29	29
34	30	8	22	41	30	11	8	41	41	41	17	30	22	11	11	11	11
35	31	31	31	31	31	31	31	31	18	29	28	31	37	31	23	39	15
36	6	32	32	32	32	32	32	32	17	19	30	32	24	32	24	40	16
37	33	33	33	33	33	33	33	33	33	33	33	33	33	33	33	33	33
38	34	34	34	34	34	34	34	34	34	34	34	34	34	34	34	34	34
39	35	35	35	35	35	35	35	35	35	35	35	35	35	35	35	35	35
40	18	36	36	36	36	36	36	36	21	7	45	36	36	36	36	36	36
41	39	37	7	28	7	42	13	37	37	37	37	44	44	37	37	37	37
42	17	38	38	38	38	38	38	38	11	8	43	38	30	38	30	14	22
43	36	39	39	39	39	39	39	39	39	39	39	39	31	39	31	15	23
44	38	40	6	25	6	43	16	40	40	40	40	41	1	40	32	16	24
45	41	30	30	40	40	40	40	11	38	43	41	25	25	8	8	8	8
46	42	28	28	13	42	7	28	13	13	13	42	42	42	7	7	7	7
47	43	25	41	16	43	6	25	16	16	16	11	43	41	6	6	6	6
48	44	44	37	37	37	37	37	44	44	44	44	20	20	44	47	42	45
49	45	45	45	45	45	45	45	45	7	36	21	45	12	45	42	47	44
50	32	46	11	8	11	30	41	46	46	46	46	22	35	46	48	41	43
51	29	47	47	47	47	47	47	47	47	47	47	47	45	47	45	44	42
52	11	48	48	48	48	48	48	48	6	25	24	48	43	48	43	46	41

43

Table 10.

	111	112	113	114	115	116	117	118	119	120	121	122	123	124	125	126	127	128	129	130	131	132	133
1																							
2	5																						
3																							
4																							
5	3	6	8	9	11	14	16	17	19	22	24	25	27	30	32	33	35	38	40	41	43	46	48
6	2	2	2	2	2	2	2	2	2	2	2	2	2	2	2	2	2	2	2	2	2	2	2
7	32	3	3	3	3	3	3	3	3	3	3	3	32	3	3	38	3	3	3	3	3	3	14
8	4	4	4	4	4	4	4	4	4	4	4	4	4	4	4	4	4	4	4	4	4	4	4
9	5	5	5	5	5	5	5	5	5	5	5	5	5	5	5	5	5	5	5	5	5	5	5
10	6	22	6	6	16	6	6	22	6	6	6	6	6	6	6	6	6	6	6	30	38	6	6
11	7	7	7	7	7	7	7	7	7	7	7	7	7	7	7	7	7	7	7	7	7	7	7
12	8	8	1	8	8	8	8	8	24	8	8	30	8	8	8	8	8	8	8	8	8	8	8
13	33	17	25	35	6	46	22	11	8	41	30	19	3	43	38	27	1	48	14	16	24	40	32
14	10	10	10	10	10	10	10	10	10	10	10	10	10	10	10	10	10	10	10	10	10	10	10
15	11	16	11	11	41	11	11	16	11	11	11	11	11	11	11	11	11	11	11	24	32	11	11
16	36	20	28	47	23	47	23	44	31	44	31	42	39	42	39	45	15	45	15	13	13	37	29
17	13	45	13	13	39	13	13	45	13	13	13	13	13	13	13	13	13	13	13	23	31	13	13
18	9	1	30	41	24	9	24	9	1	9	32	41	1	41	1	43	16	43	16	1	1	32	24
19	39	23	15	12	15	15	39	20	39	23	15	28	15	31	15	36	39	39	31	15	23	23	15
20	40	24	16	38	38	16	40	14	16	24	16	48	16	46	16	46	30	41	32	6	6	24	16
21	17	41	17	17	22	17	17	41	17	17	17	17	17	17	17	17	17	17	17	43	48	17	17
22	18	18	18	18	18	18	18	18	18	18	18	18	18	18	18	18	18	18	18	18	18	18	18
23	19	19	35	19	19	19	19	19	43	19	19	24	19	19	19	19	19	19	19	19	19	19	19
24	20	31	20	20	47	20	20	31	20	20	20	20	20	20	20	20	20	20	20	42	45	20	20
25	21	21	37	21	21	21	21	21	15	21	21	47	21	21	21	21	21	21	21	21	21	21	21
26	14	30	22	48	48	22	14	46	22	30	22	32	22	40	22	40	43	16	38	17	17	30	22
27	15	12	39	45	31	23	31	23	12	31	39	37	12	37	12	37	23	37	23	12	12	39	31
28	16	32	40	43	1	48	1	24	38	46	1	35	24	35	14	35	40	35	1	14	22	22	1
29	25	25	9	25	25	25	25	25	30	25	25	43	25	25	25	25	25	25	25	25	25	25	25
30	26	26	26	26	26	26	26	26	26	26	26	26	26	26	26	26	26	26	26	26	26	26	26
31	48	27	27	27	27	27	27	27	27	27	27	27	27	48	27	27	32	27	27	27	27	27	40
32	28	28	12	28	28	28	28	28	44	28	28	39	28	28	28	28	28	28	28	28	28	28	28
33	23	29	29	29	29	29	29	29	29	29	29	29	23	29	29	44	29	29	29	29	29	29	39
34	22	38	14	24	9	32	9	30	48	40	9	1	30	1	46	1	14	1	9	46	41	41	9
35	37	39	31	15	12	37	12	37	23	37	12	15	31	15	23	23	45	23	12	31	39	44	12
36	24	40	32	14	14	24	38	32	14	32	14	46	46	32	24	41	38	40	30	32	40	9	33
37	38	33	33	33	33	33	33	33	33	33	33	33	38	33	33	48	33	33	33	33	33	33	46
38	34	34	34	34	34	34	34	34	34	34	34	34	34	34	34	34	34	34	34	34	34	34	34
39	27	11	19	1	17	40	41	6	25	16	43	8	33	24	48	3	9	32	46	22	30	14	38
40	42	36	36	36	36	36	36	36	36	36	36	36	42	36	36	15	36	36	36	36	36	36	47
41	29	13	21	39	42	39	42	15	45	15	45	23	47	23	47	31	44	31	44	20	20	12	36
42	30	14	38	46	46	30	48	38	46	38	46	40	40	38	30	16	48	14	43	38	14	35	27
43	31	15	23	23	13	31	15	39	21	39	23	31	29	39	31	39	37	15	39	39	15	31	23
44	1	35	24	22	43	1	43	1	35	1	48	22	35	22	35	30	41	30	41	35	35	48	43
45	46	43	41	32	32	41	46	40	41	43	41	38	41	14	41	14	24	22	48	11	11	43	41
46	44	37	47	31	45	42	45	42	37	45	47	12	37	12	37	42	12	42	12	42	37	47	45
47	41	48	46	30	35	38	35	43	32	14	35	9	43	9	40	9	46	9	35	40	16	16	35
48	47	42	44	37	44	44	47	13	47	42	44	21	44	45	44	29	47	47	45	44	42	42	44
49	12	47	45	44	37	12	37	12	37	12	42	12	37	44	42	31	42	37	45	47	37	15	31
50	35	9	43	16	30	35	30	35	9	35	38	16	9	16	9	24	22	24	22	9	9	38	30
51	45	44	42	42	20	45	44	47	28	47	42	45	36	47	45	47	12	44	47	47	44	45	42
52	43	46	48	40	40	43	32	48	40	48	40	14	14	48	43	22	32	46	24	48	46	1	3

44

Table 11.

	134	135	136	137	138	139	140	141	142	143	144	145	146	147	148	149	150	151	152	153
1																				
2	6																			
3																				
4																				
5	1	1	1	1	1	1	1	1	1	1	1	1	1	1	1	1	1	1	1	1
6	2	2	2	2	2	2	2	2	2	2	2	2	2	2	2	2	2	2	2	2
7	6	8	11	14	16	17	19	22	24	25	27	30	32	33	38	40	41	43	46	48
8	4	4	4	4	4	4	4	4	4	4	4	4	4	4	4	4	4	4	4	4
9	5	5	5	5	5	5	5	5	5	5	5	5	5	5	5	5	5	5	5	5
10	3	6	16	6	6	22	6	6	6	6	6	6	6	6	6	6	30	38	22	14
11	7	7	7	7	7	7	7	7	7	7	7	7	7	7	7	7	7	7	7	7
12	8	30	8	8	8	8	24	8	8	30	8	8	8	24	8	8	8	8	8	8
13	9	9	9	9	9	9	9	9	9	9	9	9	9	9	9	9	9	9	9	9
14	10	10	10	10	10	10	10	10	10	10	10	10	10	10	10	10	10	10	10	10
15	27	11	41	11	11	16	11	11	11	11	11	11	11	11	11	11	24	32	16	40
16	12	12	12	12	12	12	12	12	12	12	12	12	12	12	12	12	12	12	12	12
17	29	13	39	13	13	45	13	13	13	13	13	13	13	13	13	13	23	31	15	39
18	14	22	48	22	14	32	14	32	14	32	41	40	22	40	25	38	17	17	17	17
19	15	31	31	23	31	23	36	29	36	29	15	29	36	44	28	23	36	36	36	36
20	32	3	3	48	3	46	16	27	38	27	32	27	14	32	16	3	14	22	38	30
21	33	17	22	17	17	41	17	17	17	17	17	17	17	17	17	17	43	48	41	46
22	18	18	18	18	18	18	18	18	18	18	18	18	18	18	18	18	18	18	18	18
23	19	24	19	19	19	43	19	24	19	19	19	19	19	43	19	19	19	19	19	19
24	36	20	47	20	20	31	20	20	20	20	20	20	20	20	20	20	42	45	44	47
25	21	47	21	21	21	21	15	21	47	21	21	21	21	45	21	21	21	21	21	21
26	38	33	33	32	33	40	22	3	48	3	38	3	46	38	22	33	46	41	48	43
27	39	36	36	29	36	29	23	39	15	15	42	15	23	23	23	36	31	39	23	15
28	24	38	14	24	38	24	48	24	16	46	30	32	24	41	27	30	32	40	24	16
29	25	43	25	25	25	25	30	25	25	43	25	25	25	25	30	25	25	25	25	25
30	26	26	26	26	26	26	26	26	26	26	26	26	26	26	26	26	26	26	26	26
31	11	19	17	40	41	6	25	16	43	8	33	24	48	3	32	48	22	30	14	39
32	28	39	28	28	28	28	44	28	28	39	28	28	28	28	31	28	28	28	28	28
33	13	21	42	39	42	15	45	15	45	23	47	23	47	31	44	44	20	20	20	20
34	30	48	46	30	48	30	32	30	22	40	43	38	30	16	3	43	38	14	30	22
35	31	23	13	31	15	39	21	31	23	31	29	39	31	39	39	39	39	15	31	23
36	16	14	43	3	43	3	27	14	27	22	46	22	27	30	40	41	27	27	27	27
37	17	25	6	46	22	11	8	41	30	19	3	43	38	27	48	14	16	24	40	32
38	34	34	34	34	34	34	34	34	34	34	34	34	34	34	34	34	34	34	34	34
39	35	35	35	35	35	35	35	35	35	35	35	35	35	35	35	35	35	35	35	35
40	20	28	23	47	23	44	31	44	31	42	39	42	39	45	15	15	13	13	13	13
41	37	37	37	37	37	37	37	37	37	37	37	37	37	37	37	37	37	37	37	37
42	22	46	24	33	24	33	3	46	3	41	40	41	3	43	14	16	3	3	3	3
43	23	15	15	15	39	20	39	23	39	28	31	31	15	36	36	31	15	23	39	31
44	40	16	38	16	40	48	40	48	40	48	22	46	16	46	8	32	6	6	6	6
45	48	27	27	38	27	14	41	33	32	33	48	33	40	48	41	27	40	16	32	24
46	47	29	29	36	29	36	42	47	44	44	23	44	42	42	29	45	47	42	44	44
47	43	32	40	43	32	43	38	43	41	14	24	48	43	22	33	24	48	46	43	41
48	44	45	45	42	45	42	29	36	29	36	44	36	29	15	21	42	29	29	29	29
49	45	42	20	45	44	47	28	45	42	45	36	47	45	47	47	47	47	44	45	42
50	46	41	32	41	46	38	46	38	46	38	16	14	41	14	19	48	11	11	11	11
51	42	44	44	44	47	13	47	42	47	21	45	45	44	29	29	45	44	42	47	45
52	41	40	30	27	30	27	33	40	33	16	14	16	33	24	46	22	33	33	33	33

Table 12.

	154	155	156	157	158	159	160	161	162	163	164	165	166	167	168	169	170
1																	
2	7																
3																	
4																	
5	1	1	1	1	1	1	1	1	1	1	1	1	1	1	1	1	1
6	2	2	2	2	2	2	2	2	2	2	2	2	2	2	2	2	2
7	3	3	3	3	3	3	3	3	3	3	3	3	3	3	3	3	3
8	4	4	4	4	4	4	4	4	4	4	4	4	4	4	4	4	4
9	5	5	5	5	5	5	5	5	5	5	5	5	5	5	5	5	5
10	8	11	14	16	17	19	22	24	25	30	32	38	40	41	43	46	48
11	7	7	7	7	7	7	7	7	7	7	7	7	7	7	7	7	7
12	40	8	8	8	8	24	8	8	30	8	8	8	8	8	8	8	8
13	9	9	9	9	9	9	9	9	9	9	9	9	9	9	9	9	9
14	10	10	10	10	10	10	10	10	10	10	10	10	10	10	10	10	10
15	19	17	40	41	6	25	16	43	8	24	48	32	46	22	30	14	38
16	12	12	12	12	12	12	12	12	12	12	12	12	12	12	12	12	12
17	21	42	39	42	15	45	15	45	23	23	47	31	44	20	20	20	20
18	38	24	22	14	32	41	38	46	38	14	41	22	38	11	11	11	11
19	23	13	23	15	23	21	39	23	15	15	31	23	39	39	15	31	23
20	11	46	38	11	14	48	6	48	6	6	46	6	11	46	41	48	43
21	25	6	46	22	11	8	41	30	19	43	38	48	14	16	24	40	32
22	18	18	18	18	18	18	18	18	18	18	18	18	18	18	18	18	18
23	46	19	19	19	19	43	19	19	24	19	19	19	19	19	19	19	19
24	28	23	47	23	44	31	44	31	42	42	39	45	15	13	13	13	13
25	44	21	21	21	21	15	21	21	47	21	21	21	21	21	21	21	21
26	6	40	48	6	46	32	17	32	17	17	40	17	6	40	16	32	24
27	39	39	15	31	20	23	23	15	28	31	23	39	23	31	39	23	15
28	41	41	43	32	43	14	24	16	46	32	24	40	24	32	40	24	16
29	14	25	25	25	25	30	25	25	43	25	25	25	25	25	25	25	25
30	26	26	26	26	26	26	26	26	26	26	26	26	26	26	26	26	26
31	27	27	27	27	27	27	27	27	27	27	27	27	27	27	27	27	27
32	15	28	28	28	28	44	28	28	39	28	28	28	28	28	28	28	28
33	29	29	29	29	29	29	29	29	29	29	29	29	29	29	29	29	29
34	16	16	24	38	24	46	30	22	40	38	30	14	30	38	14	30	22
35	20	15	13	20	45	39	31	39	31	39	15	15	20	15	23	39	31
36	43	38	11	30	16	6	46	6	41	41	6	43	22	30	38	22	14
37	33	33	33	33	33	33	33	33	33	33	33	33	33	33	33	33	33
38	34	34	34	34	34	34	34	34	34	34	34	34	34	34	34	34	34
39	35	35	35	35	35	35	35	35	35	35	35	35	35	35	35	35	35
40	36	36	36	36	36	36	36	36	36	36	36	36	36	36	36	36	36
41	37	37	37	37	37	37	37	37	37	37	37	37	37	37	37	37	37
42	24	48	6	43	22	17	40	17	16	16	17	24	41	43	48	41	46
43	31	45	31	39	39	20	13	20	13	13	20	13	31	42	45	44	47
44	32	43	16	40	48	22	32	14	32	40	22	16	32	17	17	17	17
45	17	14	32	17	40	38	11	38	11	11	14	11	17	14	22	38	30
46	47	47	44	45	13	42	42	44	21	45	42	47	42	45	47	42	44
47	22	22	30	48	30	40	43	41	14	48	43	46	43	48	46	43	41
48	42	20	42	44	42	28	47	42	44	44	45	42	47	47	44	45	42
49	13	44	20	13	31	47	45	47	45	47	44	44	13	44	42	47	45
50	48	30	41	46	38	16	48	40	48	46	16	41	48	6	6	6	6
51	45	31	45	47	47	13	20	13	20	20	13	20	45	23	31	15	39
52	30	32	17	24	41	11	14	11	22	22	11	30	16	24	32	16	40

Table 13.

	171	172	173	174	175	176	177	178	179	180	181	182	183	184	185	186	187	188	189	190	191	192	193	194	195	196	197	198	199
1																													
2	8														9														
3																													
4																													
5	1	1	1	1	1	1	1	1	1	1	1	1	1	1	1	1	1	1	1	1	1	1	1	1	1	1	1	1	1
6	2	2	2	2	2	2	2	2	2	2	2	2	2	2	2	2	2	2	2	2	2	2	2	2	2	2	2	2	2
7	3	3	3	3	3	3	3	3	3	3	3	3	3	3	3	3	3	3	3	3	3	3	3	3	3	3	3	3	3
8	4	4	4	4	4	4	4	4	4	4	4	4	4	4	4	4	4	4	4	4	4	4	4	4	4	4	4	4	4
9	5	5	5	5	5	5	5	5	5	5	5	5	5	5	5	5	5	5	5	5	5	5	5	5	5	5	5	5	5
10	6	6	6	6	6	6	6	6	6	6	6	6	6	6	6	6	6	6	6	6	6	6	6	6	6	6	6	6	6
11	7	7	7	7	7	7	7	7	7	7	7	7	7	7	7	7	7	7	7	7	7	7	7	7	7	7	7	7	7
12	14	16	19	22	24	25	30	32	38	40	41	43	46	48	8	8	8	8	8	8	8	8	8	8	8	8	8	8	8
13	9	9	9	9	9	9	9	9	9	9	9	9	9	9	9	9	9	9	9	9	9	9	9	9	9	9	9	9	9
14	10	10	10	10	10	10	10	10	10	10	10	10	10	10	10	10	10	10	10	10	10	10	10	10	10	10	10	10	10
15	11	11	11	11	11	11	11	11	11	11	11	11	11	11	11	11	11	11	11	11	11	11	11	11	11	11	11	11	11
16	12	12	12	12	12	12	12	12	12	12	12	12	12	12	36	21	20	28	29	13	15	47	37	39	45	31	42	23	44
17	13	13	13	13	13	13	13	13	13	13	13	13	13	13	42	13	13	15	13	13	13	13	13	13	13	13	13	13	13
18	8	43	46	8	48	40	16	46	8	25	40	16	32	24	14	48	38	14	46	40	14	14	41	38	38	30	30	22	22
19	31	39	47	39	15	31	21	23	23	28	23	31	15	39	45	15	31	45	23	39	23	23	31	15	15	39	39	31	31
20	16	40	48	24	16	30	40	24	40	30	32	40	24	16	43	22	46	43	30	16	48	24	38	43	16	41	40	46	32
21	17	17	17	17	17	17	17	17	17	17	17	17	17	17	17	17	17	17	17	17	17	17	17	17	17	17	17	17	17
22	18	18	18	18	18	18	18	18	18	18	18	18	18	18	18	18	18	18	18	18	18	18	18	18	18	18	18	18	18
23	40	41	25	16	43	8	24	48	32	46	22	30	14	38	19	19	19	19	19	19	19	19	19	19	19	19	19	19	19
24	20	20	20	20	20	20	20	20	20	20	20	20	20	20	23	20	20	44	20	20	20	20	20	20	20	20	20	20	20
25	39	42	45	15	45	23	23	47	31	44	28	28	28	28	21	45	21	23	21	21	21	21	21	21	21	21	21	21	21
26	22	14	32	30	22	43	14	30	14	43	38	14	30	22	24	41	40	24	43	22	32	30	48	24	22	16	14	40	38
27	23	15	21	31	23	39	15	31	15	39	39	15	31	23	47	23	12	47	31	12	47	12	39	45	12	42	12	44	12
28	38	19	41	14	19	38	8	19	30	41	30	38	22	14	16	14	24	16	22	48	22	48	30	14	43	38	41	30	46
29	46	22	8	41	30	19	43	38	48	14	16	24	40	32	25	25	25	25	25	25	25	25	25	25	25	25	25	25	25
30	26	26	26	26	26	26	26	26	26	26	26	26	26	26	26	26	26	26	26	26	26	26	26	26	26	26	26	26	26
31	27	27	27	27	27	27	27	27	27	27	27	27	27	27	27	27	27	27	27	27	27	27	27	27	27	27	27	27	27
32	47	23	31	44	31	42	42	39	45	15	21	21	21	21	28	31	28	42	28	28	28	28	28	28	28	28	28	28	28
33	29	29	29	29	29	29	29	29	29	29	29	29	29	29	23	29	29	29	47	29	29	29	29	29	29	29	29	29	29
34	48	8	16	46	8	48	25	8	43	16	43	48	41	46	22	46	30	22	41	32	41	32	43	46	24	48	16	43	40
35	15	31	15	23	39	28	31	15	39	31	15	39	23	37	47	37	37	23	37	44	37	47	37	45	37	42	37	45	42
36	43	32	43	48	40	22	32	16	41	32	25	25	25	25	38	24	22	38	32	43	24	22	40	16	14	40	38	32	30
37	33	33	33	33	33	33	33	33	33	33	33	33	33	33	33	33	33	33	33	33	33	33	33	33	33	33	33	33	33
38	34	34	34	34	34	34	34	34	34	34	34	34	34	34	34	34	34	34	34	34	34	34	34	34	34	34	34	34	34
39	35	35	35	35	35	35	35	35	35	35	35	35	35	35	35	35	35	35	35	35	35	35	35	35	35	35	35	35	35
40	36	36	36	36	36	36	36	36	36	36	36	36	36	36	42	36	36	36	39	36	36	36	36	36	36	36	36	36	36
41	37	37	37	37	37	37	37	37	37	37	37	37	37	37	28	13	21	36	20	44	39	12	47	31	45	23	42	15	40
42	24	38	24	32	14	41	38	22	16	38	19	19	19	19	48	30	41	48	38	24	30	41	14	22	46	14	48	38	43
43	21	28	23	21	28	44	39	28	21	23	44	42	47	45	15	39	44	15	15	31	31	23	23	23	15	15	39	39	39
44	19	30	14	19	38	46	41	14	19	8	46	41	48	43	40	38	32	40	14	46	40	40	22	32	32	24	24	16	16
45	41	46	38	43	41	24	46	43	46	24	48	46	43	41	30	16	14	30	24	41	38	43	32	30	41	22	46	14	48
46	42	44	28	45	42	47	44	45	44	47	47	44	45	42	39	42	37	39	45	37	39	37	47	31	37	23	37	15	37
47	32	25	22	40	25	32	19	25	24	22	24	32	16	40	41	40	43	41	16	38	16	38	24	40	30	32	22	24	14
48	45	47	39	47	44	45	28	42	21	42	21	45	44	47	42	42	42	42	42	42	42	45	44	47	47	45	45	44	42
49	44	45	44	42	47	21	45	44	47	45	45	47	44	12	12	39	12	12	42	12	15	15	12	39	12	31	12	23	23
50	25	24	40	25	32	14	22	40	25	19	14	22	38	30	46	32	48	46	40	14	46	46	16	48	48	43	43	41	41
51	28	21	42	28	21	15	47	21	28	42	15	23	39	31	44	47	15	44	44	45	45	45	42	42	42	44	44	47	47
52	30	48	30	38	46	16	48	41	22	48	8	8	8	8	32	43	16	32	48	30	43	16	46	41	40	46	32	48	24

Table 14.

	200	201	202	203	204	205	206	207	208	209	210	211	212	213	214	215	216	217	218	219	220	221	222	223	224
1																									
2	10													11											
3																									
4																									
5	1	1	1	1	1	1	1	1	1	1	1	1	1	1	1	1	1	1	1	1	1	1	1	1	1
6	2	2	2	2	2	2	2	2	2	2	2	2	2	2	2	2	2	2	2	2	2	2	2	2	2
7	3	3	3	3	3	3	3	3	3	3	3	3	3	3	3	3	3	3	3	3	3	3	3	3	3
8	4	4	4	4	4	4	4	4	4	4	4	4	4	4	4	4	4	4	4	4	4	4	4	4	4
9	5	5	5	5	5	5	5	5	5	5	5	5	5	5	5	5	5	5	5	5	5	5	5	5	5
10	6	6	6	6	6	6	6	6	6	6	6	6	6	6	6	6	6	6	6	6	6	6	6	6	6
11	7	7	7	7	7	7	7	7	7	7	7	7	7	7	7	7	7	7	7	7	7	7	7	7	7
12	8	8	8	8	8	8	8	8	8	8	8	8	8	8	8	8	8	8	8	8	8	8	8	8	8
13	9	9	9	9	9	9	9	9	9	9	9	9	9	9	9	9	9	9	9	9	9	9	9	9	9
14	10	10	10	10	10	10	10	10	10	10	10	10	10	10	10	10	10	10	10	10	10	10	10	10	10
15	11	11	11	11	11	11	11	11	11	11	11	11	11	11	11	11	11	11	11	11	11	11	11	11	11
16	12	12	12	12	12	12	12	12	12	12	12	12	12	12	12	12	12	12	12	12	12	12	12	12	12
17	23	28	29	36	21	15	42	20	44	39	47	31	45	39	13	13	13	13	13	13	13	13	13	13	13
18	48	32	48	40	43	43	38	30	30	41	22	46	14	38	30	16	48	16	46	43	40	41	24	46	32
19	15	39	45	15	42	39	39	39	31	31	23	23	15	21	39	21	45	45	21	42	21	47	21	44	
20	24	41	16	43	40	16	16	38	40	40	32	32	24	22	14	46	40	38	24	32	30	24	14	16	22
21	17	17	17	17	17	17	17	17	17	17	17	17	17	17	17	17	17	17	17	17	17	17	17	17	17
22	18	18	18	18	18	18	18	18	18	18	18	18	18	18	18	18	18	18	18	18	18	18	18	18	18
23	19	19	19	19	19	19	19	19	19	19	19	19	19	19	19	19	19	19	19	19	19	19	19	19	19
24	42	21	36	29	28	44	23	13	15	47	39	45	31	47	20	20	20	20	20	20	20	20	20	20	20
25	21	23	21	21	45	21	21	21	21	21	21	21	21	13	29	36	45	23	28	42	15	44	31	47	39
26	30	16	22	24	14	22	22	48	14	14	38	38	30	41	46	40	14	48	30	38	43	30	46	22	41
27	39	15	15	23	39	31	15	23	23	15	15	39	31	23	15	15	15	39	39	39	31	23	23	31	
28	40	24	43	32	41	32	46	22	48	24	43	16	41	24	16	43	24	24	38	16	16	40	32	32	40
29	25	25	25	25	25	25	25	25	25	25	25	25	25	25	25	25	25	25	25	25	25	25	25	25	25
30	26	26	26	26	26	26	26	26	26	26	26	26	26	26	26	26	26	26	26	26	26	26	26	26	26
31	27	27	27	27	27	27	27	27	27	27	27	27	27	27	27	27	27	27	27	27	27	27	27	27	27
32	28	42	28	28	31	28	28	28	28	28	28	28	28	20	36	29	31	42	21	23	44	15	45	39	47
33	29	29	47	31	29	29	29	29	29	29	29	29	29	29	31	31	29	29	29	29	29	29	29	29	29
34	14	30	24	38	16	38	40	41	32	30	24	22	16	30	22	24	30	30	48	22	22	14	38	38	14
35	20	20	20	20	20	20	44	23	47	20	45	20	42	44	47	23	39	39	15	31	31	23	15	15	23
36	41	46	40	41	32	46	30	14	22	48	14	43	38	46	48	32	41	40	22	46	32	48	16	43	24
37	33	33	33	33	33	33	33	33	33	33	33	33	33	33	33	33	33	33	33	33	33	33	33	33	33
38	34	34	34	34	34	34	34	34	34	34	34	34	34	34	34	34	34	34	34	34	34	34	34	34	34
39	35	35	35	35	35	35	35	35	35	35	35	35	35	35	35	35	35	35	35	35	35	35	35	35	35
40	36	36	39	45	36	36	36	36	36	36	36	36	36	36	45	45	36	36	36	36	36	36	36	36	36
41	37	37	37	37	37	37	37	37	37	37	37	37	37	37	37	37	37	37	37	37	37	37	37	37	37
42	16	40	14	16	38	40	43	46	41	32	46	24	48	40	32	38	16	14	41	40	38	32	22	24	30
43	45	31	42	39	44	42	13	45	13	44	13	47	13	42	44	28	42	28	23	44	28	47	28	45	28
44	38	48	38	46	30	30	32	24	24	22	16	14	40	32	24	41	38	41	14	30	46	22	43	14	48
45	43	22	41	30	46	41	41	32	46	46	48	48	43	16	40	14	46	32	43	48	24	43	40	41	16
46	47	44	44	42	47	45	45	44	42	42	44	44	44	47	47	45	42	42	44	47	47	45	42	42	45
47	46	43	30	48	22	48	14	16	38	43	30	41	22	43	41	30	43	43	32	41	41	46	48	48	46
48	44	47	31	44	23	47	47	47	45	45	42	42	44	28	28	47	28	31	31	28	23	28	39	28	15
49	13	13	13	13	13	13	15	42	39	13	31	13	23	15	39	42	47	47	44	45	45	42	44	44	42
50	32	38	32	14	24	24	48	43	43	16	41	40	46	43	22	32	22	40	24	14	16	30	40	38	
51	31	45	23	47	15	23	20	31	20	15	20	39	20	23	15	21	23	21	42	15	21	39	21	31	21
52	22	14	46	22	48	14	24	40	16	38	40	30	32	14	38	48	22	46	16	14	48	38	41	30	43

Table 15.

	225	226	227	228	229	230	231	232	233	234	235	236	237	238	239	240	241	242	243	244	245	246
1																						
2	12																					
3																						
4																						
5	1	1	1	1	1	1	1	1	1			1	1	1	1		1	1	1	1	1	1
6	2	2	2	2	2	2	2	2	2			2	2	2	2		2	2	2	2	2	2
7	3	3	3	3	3	3	3	3	3			3	3	3	3		3	3	3	3	3	3
8	4	4	4	4	4	4	4	4	4			4	4	4	4		4	4	4	4	4	4
9	5	5	5	5	5	5	5	5	5			5	5	5	5		5	5	5	5	5	5
10	6	6	6	6	6	6	6	6	6			6	6	6	6		6	6	6	6	6	6
11	7	7	7	7	7	7	7	7	7			7	7	7	7		7	7	7	7	7	7
12	8	8	8	8	8	8	8	8	8			8	8	8	8		8	8	8	8	8	8
13	9	9	9	9	9	9	9	9	9			9	9	9	9		9	9	9	9	9	9
14	10	10	10	10	10	10	10	10	10			10	10	10	10		10	10	10	10	10	10
15	11	11	11	11	11	11	11	11	11			11	11	11	11		11	11	11	11	11	11
16	12	12	12	12	12	12	12	12	12			12	12	12	12		12	12	12	12	12	12
17	13	13	13	13	13	13	13	13	13			13	13	13	13		13	13	13	13	13	13
18	24	22	30	16	40	32	14	30	38			48	22	38	16		22	16	30	43	16	16
19	45	36	42	42	44	47	36	36	36			42	23	15	45		23	15	31	31	39	15
20	14	43	46	38	30	22	41	48	46			43	14	24	40		43	24	32	48	43	43
21	17	17	17	17	17	17	17	17	17			17	17	17	17		17	17	17	17	17	17
22	18	18	18	18	18	18	18	18	18			18	18	18	18		18	18	18	18	18	18
23	19	19	19	19	19	19	19	19	19			19	19	19	19		19	19	19	19	19	19
24	20	20	20	20	20	20	20	20	20			20	20	20	20		20	20	20	20	20	20
25	21	21	21	21	21	21	21	21	21			21	21	21	21		21	21	21	21	21	21
26	46	24	40	48	43	41	16	32	40			24	46	30	14		24	30	38	32	24	24
27	29	47	31	29	29	29	45	44	42			47	45	31	23		15	31	39	23	23	23
28	16	14	48	40	32	24	38	22	30			16	48	22	32		48	48	40	14	48	32
29	25	25	25	25	25	25	25	25	25			25	25	25	25		25	25	25	25	25	25
30	26	26	26	26	26	26	26	26	26			26	26	26	26		26	26	26	26	26	26
31	27	27	27	27	27	27	27	27	27			27	27	27	27		27	27	27	27	27	27
32	28	28	28	28	28	28	28	28	28			28	28	28	28		28	28	28	28	28	28
33	47	31	36	45	42	44	23	39	15			29	29	29	29		29	29	29	29	29	29
34	22	46	32	14	38	30	48	41	43			22	32	41	38		32	32	14	46	32	38
35	23	23	39	15	39	31	15	31	39			31	44	47	39		31	23	15	39	31	39
36	32	32	41	24	16	40	24	40	16			40	24	46	30		46	46	16	41	40	46
37	33	33	33	33	33	33	33	33	33			33	33	33	33		33	33	33	33	33	33
38	34	34	34	34	34	34	34	34	34			34	34	34	34		34	34	34	34	34	34
39	35	35	35	35	35	35	35	35	35			35	35	35	35		35	35	35	35	35	35
40	39	45	29	31	23	15	42	47	44			36	36	36	36		36	36	36	36	36	36
41	37	37	37	37	37	37	37	37	37			37	37	37	37		37	37	37	37	37	37
42	38	38	16	30	22	14	30	14	22			14	30	40	43		40	40	22	16	14	40
43	15	15	15	39	31	23	39	23	31			15	39	42	44		39	39	23	15	15	31
44	43	16	24	41	46	48	40	24	32			38	16	32	41		16	41	24	30	41	41
45	40	30	14	32	24	16	22	38	14			30	40	43	46		30	43	48	38	30	30
46	36	39	45	36	36	36	31	15	23			39	31	45	42		44	45	47	42	42	42
47	41	40	38	46	48	43	32	16	24			41	38	16	48		38	38	46	40	38	48
48	31	29	23	23	15	39	29	29	29			23	42	44	31		42	44	45	45	47	44
49	42	42	47	44	47	45	44	45	47			45	15	39	47		45	42	44	47	45	47
50	30	41	43	22	14	38	46	43	48			32	41	48	22		41	22	43	24	22	22
51	44	44	44	47	45	42	47	42	45			44	47	23	15		47	47	42	44	44	45
52	48	48	22	43	41	46	43	46	41			46	43	14	24		14	14	41	22	46	14

Table 16.

	250	251	252	253	254	255	256	257	258	259	260	261	262	263	264	265	266
1																	
2																	
3																	
4																	
5	1	1	1	1		35	9	1	35	9	1	35	9	1	35	9	1
6	2	2	2	2		20	4	2	20	4	2	20	4	2	20	4	2
7	3	3	3	3		27	33	3	27	33	3	27	33	3	27	33	3
8	4	4	4	4		2	20	4	2	20	4	2	20	4	2	20	4
9	5	5	5	5		5	5	5	5	5	5	5	5	5	5	5	5
10	6	6	6	6		17	11	6	17	11	6	17	11	6	17	11	6
11	7	7	7	7		7	7	7	7	7	7	7	7	7	7	7	7
12	8	8	8	8		8	8	8	8	8	8	8	8	8	8	8	8
13	9	9	9	9		1	35	9	1	35	9	1	35	9	1	35	9
14	10	10	10	10		34	13	10	34	13	10	34	13	10	34	13	10
15	11	11	11	11		6	17	11	6	17	11	6	17	11	6	17	11
16	12	12	12	12		12	12	12	12	12	12	12	12	12	12	12	12
17	13	13	13	13		10	34	13	10	34	13	10	34	13	10	34	13
18	24	16	14	16		38	38	38	38	38	38	38	38	38	14	14	14
19	15	15	15	15		39	39	39	39	39	39	39	39	39	15	15	15
20	16	48	43	43		40	40	40	40	40	40	40	40	40	22	41	16
21	17	17	17	17		11	6	17	11	6	17	11	6	17	11	6	17
22	18	18	18	18		18	18	18	18	18	18	18	18	18	18	18	18
23	19	19	19	19		19	19	19	19	19	19	19	19	19	19	19	19
24	20	20	20	20		4	2	20	4	2	20	4	2	20	4	2	20
25	21	21	21	21		21	21	21	21	21	21	21	21	21	21	21	21
26	22	32	24	24		14	14	14	14	14	14	14	14	14	41	16	22
27	23	23	23	23		15	15	15	15	15	15	15	15	15	23	23	23
28	48	24	48	46		22	41	16	22	41	16	22	41	16	24	24	24
29	25	25	25	25		25	25	25	25	25	25	25	25	25	25	25	25
30	26	26	26	26		26	26	26	26	26	26	26	26	26	26	26	26
31	27	27	27	27		33	3	27	33	3	27	33	3	27	33	3	27
32	28	28	28	28		28	28	28	28	28	28	28	28	28	28	28	28
33	29	29	29	29		29	29	29	29	29	29	29	29	29	29	29	29
34	32	30	32	40		41	16	22	41	16	22	41	16	22	30	30	30
35	31	31	31	31		23	23	23	23	23	23	23	23	23	31	31	31
36	46	46	41	32		24	24	24	24	24	24	24	24	24	32	32	32
37	33	33	33	33		3	27	33	3	27	33	3	27	33	3	27	33
38	34	34	34	34		13	10	34	13	10	34	13	10	34	13	10	34
39	35	35	35	35		9	1	35	9	1	35	9	1	35	9	1	35
40	36	36	36	36		36	36	36	36	36	36	36	36	36	36	36	36
41	37	37	37	37		37	37	37	37	37	37	37	37	37	37	37	37
42	40	40	16	38		30	30	30	30	30	30	30	30	30	38	38	38
43	39	39	39	39		31	31	31	31	31	31	31	31	31	39	39	39
44	43	41	40	41		32	32	32	32	32	32	32	32	32	40	40	40
45	41	38	30	30		46	46	46	46	46	46	46	46	46	16	22	41
46	42	42	42	42		44	44	44	44	44	44	44	44	44	42	42	42
47	38	43	38	14		16	22	41	16	22	41	16	22	41	43	43	43
48	44	44	44	44		47	47	47	47	47	47	47	47	47	44	44	44
49	45	45	45	45		42	42	42	42	42	42	42	42	42	45	45	45
50	30	22	46	22		48	48	48	48	48	48	48	48	48	46	46	46
51	47	47	47	47		45	45	45	45	45	45	45	45	45	47	47	47
52	14	14	22	48		43	43	43	43	43	43	43	43	43	48	48	48

Table 17.

	31	32	33	34	35	36	37	38	39	40	41	42	43	44	45	46	47	48	49	50	51	52	53
55	4	5	7	10	12	13	15	18	20	21	23	26	28	29	31	34	36	37	39	42	44	45	47
56																							
57	6	5	6	1	11	1	2	6	1	3	9	3	3	12	4	6	12	11	11	10	2	3	8
58			6	11		1	11	1	6	5	3	12	3		12	3	6	6	11	10	2	3	3
59						11		11			5		12			12	3	3	6	6	6	5	3
60																	12	12	3	6			5
61																			12				

Table 18.

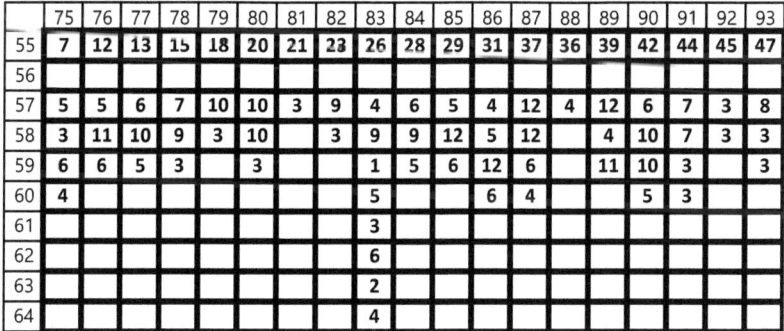

	54	55	56	57	58	59	60	61	62	63	64	65	66	67	68	69	70	71	72	73	74
55	5	7	10	12	13	15	18	20	21	23	26	28	29	31	36	37	39	42	44	45	47
56																					
57	4	11	2	11	1	2	9	1	10	10	4	9	12	4	4	2	12	8	2	7	8
58	9	6	9	5	1	11	1		10	1	9	11	5	12	12		4	1	2	7	7
59	9	12	8	12	11	5			1		11	6	11	5	6		6	1		2	7
60	1		1		5	12					6	12		11	6		6			2	2
61			1		12						12			11			11				2

Table 19.

	75	76	77	78	79	80	81	82	83	84	85	86	87	88	89	90	91	92	93
55	7	12	13	15	18	20	21	23	26	28	29	31	37	36	39	42	44	45	47
56																			
57	5	5	6	7	10	10	3	9	4	6	5	4	12	4	12	6	7	3	8
58	3	11	10	9	3	10		3	9	9	12	5	12		4	10	7	3	3
59	6	6	5	3		3			1	5	6	12	6		11	10	3		3
60	4								5			6	4			5	3		
61									3										
62									6										
63									2										
64									4										

Table 20.

	94	95	96	97	98	99	100	101	102	103	104	105	106	107	108	109	110
55	12	13	15	18	20	21	23	28	29	31	36	37	39	42	44	45	47
56																	
57	6	10	6	9	6	9	10	9	5	5	5	6	11	10	7	8	8
58	6		1	6	1	9	6		4	3	4	2	6	10	10	10	8
59	11		5	1	5	6	1		4	6	6	5	2		10	10	10
60	5		10	5		1	5		6	9			5				10
61	5					5			9				12				
62													7				
63													12				
64													8				
65													11				

Table 21.

	111	112	113	114	115	116	117	118	119	120	121	122	123	124	125	126	127	128	129	130	131	132	133
55	3	6	8	9	11	14	16	17	19	22	24	25	27	30	32	33	35	38	40	41	43	46	48
56																							
57	3	9	4	1	2	7	7	9	10	12	1	4	3	12	1	11	12	8	8	2	8	12	3
58	7	8	1	7	7	12	1	12	7	8	7	8	1	8	7	8	7	12	8	8	2	8	8
59	4	10	8	7	1	8	7	8	9	11	7	3	7	8	2	12	11	7	1	1	8	11	4
60	7	8	8	2	1	11	7	10	1		2	7	2	11		12	7	7	7	1	1	1	7
61	12	1	3	12	8		2	11	7			12	4			8	1	11	7	7	1	7	1
62	8	7	2	8	8				2			7				8	7		2	2	7	7	7
63	11	2		8	2							7				11	7				2	2	7
64				11								11					2						2

Table 22.

	134	135	136	137	138	139	140	141	142	143	144	145	146	147	148	149	150	151	152	153
55	6	8	11	14	16	17	19	22	24	25	27	30	32	33	38	40	41	43	46	48
56																				
57	2	4	2	3	11	9	10	3	11	4	3	8	8	11	11	7	2	8	7	7
58	3	8	7	8	7	8	11	8	7	8	7	3	11	8	8	11	8	2	2	7
59	7	3	1	4	7	10	7	8	12	3	4	8	7	12	12	7	1	8	8	2
60	7	11	8		12	3	12	4		3	7	8	12	8	8	7	8	1	1	8
61	4	7	11		8	9			8	11	4		3	4	12	11	8	8		1
62	1	7	7		4				8	7			8	8		7	11	11		8
63		12	7						4	7			8	8		12	7	7		11
64			12								12			4	3			12	12	7
65																				12

Table 23.

	154	155	156	157	158	159	160	161	162	163	164	165	166	167	168	169	170
55	8	11	14	16	17	19	22	24	25	30	32	38	40	41	43	46	48
56																	
57	4	2	8	8	9	10	7	7	4	2	9	8	9	2	8	7	7
58	8	7	2	9	8	7	2	9	8	8	7	2	7	8	2	2	7
59	8	7	7	7	10	9	8	7	3	1	7	8	10	1	8	8	2
60	3	1	7	10	8	9	1	7	7		10	1		9	1	1	8
61	9	9	1		2	7		10	2					7	9	9	1
62	7	8			8	7			8					7	7	7	9
63	10	8			8	10			1					10	7	7	7
64		10			1										10	10	7
65																	10

Table 24.

	171	172	173	174	175	176	177	178	179	180	181	182	183	184	185	186	187	188	189	190	191	192	193	194	195	196	197	198	199
55	14	16	19	22	24	25	30	32	38	40	41	43	46	48	36	21	20	28	29	13	15	47	37	39	45	31	42	23	44
56																													
57	10	4	10	8	8	4	7	8	7	4	7	4	7	8	11	7	7	8	7	8	7	8	7	7	1	7	7	12	7
58	8	7	8	10	4	8	10	8	10	7	4	7	7	4	7	10	2	4	3	9	12	1	12	7	7	7	1	8	7
59	8	3	8	8	7	8	8	4	8	7	7	3	4	7	12	8	8	7	8	7	8	7	8	12	2	7	7	11	1
60	9		9	8	3	3	9	7	8	3	3	10	7	3	7	9	1	3	4	10	11	2	11	8	7	12	2	8	7
61			4	9		10		3	9		10	7	3	10	3	8	8	7	8	7	8	7	8	11	12	8	7	1	2
62			8		8						7	7	10	7	8	4	9	10	11	2	1	12	1	8	8	11	12	7	7
63			8		8						7	9	7	7	4	7	7	8	7	8	7	8	7	1	11	8	8	2	12
64			3		9							9		7	9	7	3	10	9	12	1	2	11	2	7		1	11	8
65											9				12	7	8	8	1			8	2		7				11
66															8	12	1	8	7	7			12		2				
67															11	8	7	12	12	2			8						
68															8	11	2	8	8	7			11						
69															1	8	7	11	11	12			8						
70															7	1	12	8	8	8			1						
71															2	7	8	1	1	11			7						
72															2	11	7	7					2						
73																	2	2											

Table 25.

	200	201	202	203	204	205	206	207	208	209	210	211	212	213	214	215	216	217	218	219	220	221	222	223	224
55	23	28	29	36	21	15	42	20	44	39	47	31	45	20	36	29	31	42	21	23	44	15	45	39	47
56																									
57	8	8	7	8	7	8	7	2	7	9	8	7	2	9	8	8	7	8	7	7	4	8	8	10	7
58	8	4	3	11	10	9	2	8	7	7	2	7	8	7	11	11	10	4	10	7	7	10	8	8	7
59	9	7	8	7	8	7	8	1	2	10	8	8	1	10	7	7	8	7	8	10	3	8	4	9	8
60	7	3	4	12	9	10	1	8	8	7	1	9	8	7	12	12	9	3	9	8	7	9	7	8	4
61	10	7	8	7	8	7	8	9	1	2	8	7	9	2	7	7	8	7	8	9	10	8	3	4	7
62	7	10	11	3	4	2	9	7	8	8	9	10	7	8	3	3	4	10	4	8	8	4	7	7	3
63	2	8	7	8	7	8	7	10	9	1	7	7	10	1	8	8	7	8	7	4	9	7	10	3	7
64	8	9	12	4	3	1	10	8	7		10	2		7	4	4	3	9	3	7		3	8		10
65	1	9	8	8	8		2	10			8			10	8	4			8	3			9		8
66		7	8	9	9		8			1				8	10	7			10						9
67		10	9	7	7		1							9	8	3			8						
68		7	7	10	10		8							8	9	7			9						
69		2	10	7	7		9							4	8	10			8						
70		8	7	2	2		7							7	4	8			4						
71		1	2	8	8		10							3	7	9			7						
72		8	1	1										3					3						
73			1																						

Table 26.

	225	226	227	228	229	230	231	232	233	234	235	236	237	238	239	240	241	242	243	244	245	246
55	47	31	36	45	42	44	23	39	15								44	45	47	45	47	47
56																						
57	7	8	11	7	8	3	11	8	7			10	3	12	2		12	2	7	10	3	10
58	3	11	7	7	3	8	7	8	11			2	10	3	12		7	7	7	7	7	7
59	8	7	12	3	8	4	12	11	7			7	7	7	7		11	1		9	4	9
60	4	12	7	8	4	8	7	7	12			1	9	4	11		7	7		7	7	7
61	8	7	3	4	8	11	3	12	7			8	8	8	8		12	2		10	3	10
62	11	3	8	8	11	7	8	7	3			9	4	11	1		7	7		7	7	7
63	7	8	4	11	7	12	4	3	8								7	7		7	7	7
64	12	4	7	7	12			8	4								11	1		9	4	9
65			11	12				4									7	7		7	7	7
66			7																	3		
67			12																	7		
68			7																	4		
69			3																	7		
70			8																	3		
71			4																	7		
72																				7		
73																				4		
74																				7		

Table 27.

	250	251	252	253	254	255	256	257	258	259	260	261	262	263	264	265	266
55	41	43	46	48		22	16	41	14	40	46	38	32	48	30	24	43
56																	
57	7	7	7	7		1	1	7	1	1	7	1	1	7	1	1	
58	2	10	12	3		5	5		5	5		5	5		5	5	
59	8	8	8	8		2	2		2	2		2	2		2	2	
60	4	11	9	1		6	6		6	6		6	6		6	6	
61	7	7	7	7		1	1		1	1		1	1		1	1	
62	1	9	11	4		5	5		5	5		5	5		5	5	
63	8	8	8	8		2	2		2	2		2	2		2	2	
64	3	12	10	2		6	6		6	6		6	6		6	6	
65						1	1		1	1		1	1		1	1	
66						5	5		5	5		5	5		5	5	
67						2	2		2	2		2	2		2	2	
68						6	6		6	6		6	6		6	6	
69						1	1		1	1		1	1		1	1	
70						5	5		5	5		5	5		5	5	
71						2	2		2	2		2	2		2	2	
72						6	6		6	6		6	6		6	6	
73						1	7		1	7		1	7		1		
74						5			5			5			5		
75						2			2			2			2		
76						6			6			6			6		
77						1			1			1			1		
78						5			5			5			5		
79						2			2			2			2		
80						6			6			6			6		
81						1			1			1			1		
82						5			5			5			5		
83						2			2			2			2		
84						6			6			6			6		
85						1			1			1			1		
86						5			5			5			5		
87						2			2			2			2		
88						6			6			6			6		
89						7			7			7